Administración de Proyectos de Inteligencia de Negocios

Dr. Macedonio Alanís

Tecnológico de Monterrey

Imprint

Any Brand names and product names mentioned in this book are subject to trademark, Brand or patent protection and are trademarks or registered trademarks of their respective holders. The use of brand names, product names, common names, trade names, product descriptions, etc. even without a particular marking in this work is in no way to be construed to mean that such names may be regarded as unrestricted in respect of trademark and brand protection legislation and could thus be used by anyone.

Cover image photo by Glitch Lab App on Unsplash

ISBN-13: 979-8745505874

ASIN: B0973TNJBF

ASIN e-book: B097F78SPY

https://www.amazon.com/-/e/B08529L1PZ

https://www.amazon.com/author/alanis

alanis@tec.mx   maalanis@hotmail.com

Dedicatoria

Para Jacobo, Pablo y Cristóbal

Agradecimientos

Este libro es el producto de múltiples reuniones de trabajo para definir los temas de las materias a impartir a estudiantes de carreras profesionales que se planean especializar en áreas de tecnologías de información, ciencias computacionales, transformación digital e inteligencia de negocios en el Tecnológico de Monterrey. Muchos profesores y especialistas de diferentes campus del Tecnológico de Monterrey, colaboraron con ideas y contenidos que han hecho posible esta obra. A todos ellos, mi infinito agradecimiento y aprecio.

Particularmente quisiera agradecer la colaboración de Alberto López Hernández, Itzel Alejandra Zarate Solís, y Bernardo Charles Canales por su apoyo en la revisión de los temas a incluir en el libro. Un agradecimiento especial a Pablo Raúl García Velazco por su trabajo en el contenido del capítulo tres. También quisiera agradecer a Eduardo Esteva Armida, Celia Fabiola Vásquez García, y Gabriel Héctor Carmona Olmos por su participación en las discusiones iniciales de los contenidos.

Índice

Índice Extendido

Módulo I

Identificando Soluciones de Inteligencia de Negocio

Capítulo 1

Un Marco de Referencia para los Sistemas de Inteligencia de Negocios

"En dos ocasiones me han preguntado: "Disculpe, Sr. Babbage, si introduce cifras incorrectas en la máquina, ¿saldrán las respuestas correctas?" En un caso, un miembro de la Cámara Alta y en el otro un miembro de la Cámara Baja planteó esta pregunta. No puedo comprender correctamente el tipo de confusión de ideas que podría provocar tal pregunta."

Charles Babbage, "Passages from the life of a philosopher", 1864.

1.1.- Objetivos de aprendizaje
- Definir qué es un sistema de inteligencia de negocios
- Entender la relación entre un sistema de inteligencia de negocios y un sistema de información
- Conocer las partes de un sistema de inteligencia de negocios
- Entender la diferencia entre datos e información
- Identificar los atributos de Información útil
- Entender el concepto de sobrecarga de información

1.2.- El problema de crear soluciones de inteligencia de negocios
La tecnología puede apoyar el proceso de toma de decisiones proporcionando información más completa y oportuna, o permitiendo realizar análisis más complejos a los datos. El objetivo final de estos proyectos es ayudar a la organización a cumplir su misión: lograr más ventas, reducir sus costos de operación o mejorar su posicionamiento en el mercado.

Sin embargo, una computadora por sí sola no sirve para mucho. La computadora necesita de programas o software, necesita de datos y requiere ser usada correctamente para tener un impacto en la empresa. Entender el potencial de la tecnología requiere visualizar la tecnología no solo como un equipo de cómputo, sino como una solución integral, como un sistema de información donde todas sus partes contribuyen a alcanzar los objetivos de la empresa. Una empresa que aprovecha la tecnología para mejorar sus procesos y tomar mejores decisiones necesita entender cómo seleccionar los problemas a atacar, cómo construir o adquirir los equipos y programas necesarios, cómo obtener la información requerida, y cómo operar estas soluciones.

El objetivo de este libro es discutir los procesos de selección, creación e implementación de soluciones de inteligencia de negocios. La discusión se divide en cinco módulos:

1. Identificando soluciones de inteligencia de negocios
2. Valuación y priorización de proyectos de inteligencia de negocios
3. Desarrollo de soluciones de inteligencia de negocios
4. La industria de la tecnología de la información
5. Siguientes pasos de la inteligencia de negocios en las empresas

La discusión comienza con la identificación de los componentes y su contribución en el proceso de toma de decisiones.

1.3.- ¿Qué es un sistema de inteligencia de negocios?

La definición más amplia de inteligencia de negocios es: Un término general que combina las arquitecturas, herramientas, bases de datos, herramientas analíticas, aplicaciones y metodologías para apoyar el proceso de toma de decisiones. [Sharda, Delen & Turban, 2015]

El objetivo final de las herramientas de inteligencia de negocios es apoyar el proceso de toma de decisiones. Es en ese punto donde se encuentra el componente más importante de la definición, el usuario (que es quien toma la decisión).

Esta definición es consistente con la definición más general de un sistema de información:

Un sistema integrado usuario-máquina para proveer información que apoya las operaciones, la administración, y las funciones de toma de decisiones en una organización. El sistema utiliza equipo de cómputo y software; procedimientos manuales; modelos para el análisis, la planeación, el control y la toma de decisiones; y una base de datos. [Davis & Olson, 1985]

Combinando ambas definiciones encontramos que:

Un sistema de inteligencia de negocios es:

- Un sistema integrado usuario-máquina
- Para proveer información
- Que apoya el proceso de toma de decisiones
- En una organización

El sistema utiliza:

- Arquitecturas y equipos de cómputo
- Herramientas analíticas y aplicaciones
- Procedimientos manuales
- Metodologías para apoyar el proceso de toma de decisiones
- Y bases de datos

El objetivo de un sistema de inteligencia de negocios es apoyar las decisiones de la organización. La mayoría de las empresas no tienen por objetivo el tener este tipo de sistemas, los utilizan porque les ayuda a cumplir mejor sus metas.

La segunda parte de la definición habla de la plataforma sobre la que operan las soluciones de inteligencia de negocios. Una computadora (hardware) sola no sirve para nada. Necesita programas (software) para operar. Pero el sistema no es solamente el equipo y programas de cómputo. Requiere también procedimientos manuales que ocurren antes, durante y después del procesamiento. Y datos sobre los que se realizaran los análisis. La figura 1.1 ilustra los componentes de una plataforma de inteligencia de negocios.

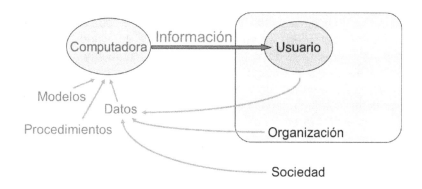

Figura 1.1 - Componentes de un sistema de información

En un sistema básico se pueden ver cuatro componentes esenciales: La entrada, que alimenta datos al sistema; el proceso, que convierte los datos recibidos en información útil en diferentes etapas; y la salida, que entrega la información procesada al usuario. Existe un cuarto proceso, la retroalimentación, que usa una salida del sistema como entrada para ajustes y procesamientos futuros.

Minicaso: Manejo de información en una empresa de paquetería

En el sistema de rastreo de una empresa de paquetería, el proceso no es enteramente computarizado. Todo inicia cuando un cliente lleva el paquete a la oficina receptora, ahí un empleado le asigna una etiqueta con un número de rastreo e ingresa los datos al sistema. Durante el transporte, diferentes mecanismos y personas van registrando el paso del paquete por diferentes estaciones. Al llegar a su destino, el chofer del camión: entrega el paquete al destinatario, registra la hora de entrega y recaba la firma de quien recibe. Con esto se cierra el proceso.

En el caso de la empresa de paquetería que estamos analizando, la entrada es la captura del número de guía del paquete que hace el empleado en recepción. El sistema luego genera salidas indicando la ruta que debe seguir el paquete o el camión donde se debe cargar. Esas salidas se convierten en entradas de nuevo pues indican la posición del paquete en un momento dado y se utilizan para calcular la siguiente etapa de la ruta. Finalmente, cuando el paquete es entregado, la firma de recepción se captura en el sistema y se guarda en una base de datos que almacena la información. El sistema luego puede emitir un reporte a quien envió el paquete avisándole que este ha sido entregado. La figura 1.2 muestra este modelo simple de un sistema de información.

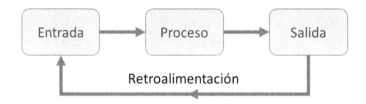

Figura 1.2 - Modelo simple de un sistema de información

En esta definición se aprecia que la inteligencia de negocios no es un solo componente. Desde el punto de vista funcional, se aprecian tres subsistemas básicos: el subsistema de datos, el subsistema de análisis, y el usuario. El primer elemento reúne y prepara datos de diferentes fuentes. El segundo procesa los datos convirtiéndolos en información útil que es recibida por el tercer componente, el usuario, que es quien aprovecha los resultados para que generen valor para la organización.

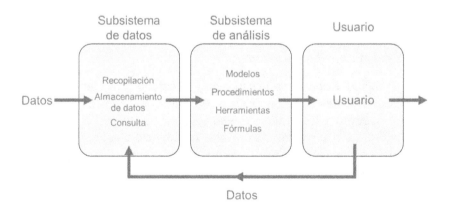

Figura 1.3 – Componentes funcionales de un sistema de inteligencia de negocios

1.4.- Características de la información

Un dato es una representación de algo (el paquete pesa 450 gramos, la hora de recepción fue a las 11:45 a.m., el destino es en Ciudad de México, el precio cobrado fue $350). Los datos en sí mismos dicen poco. Es cuando los datos se organizan de cierta forma que pueden tener significado útil para ciertas personas. Por ejemplo, luego de calcular el costo de transportar el paquete en función de su peso, volumen y ruta, y compararlo con el precio cobrado por la entrega, la empresa puede saber qué tan rentable es entregar paquetes en esa ruta, o si deben buscar cambiar el precio de sus servicios.

Por lo tanto, mientras que **datos** son representaciones de la realidad, **Información** se define como datos organizados de una forma que signifique algo para alguien (recordemos que son personas las que reciben la información para tomar decisiones). Los datos son las entradas, la información es la salida.

La información reduce la incertidumbre y respalda el proceso de toma de decisiones. Información inexacta, que llega después de haber tomado la decisión, o que no se entiende, es poco útil o incluso puede llevarnos a tomar malas decisiones. Por lo tanto, la información debe ser de calidad. Las características de información de calidad se definen por una serie de "atributos de la información": [Senn, 1987]

Atributos de un conjunto de información

- Relevante: Es necesaria para para una situación particular.
- Completo: Proporciona al usuario todo lo que necesita saber a cerca de una situación particular.
- Oportuno: Está disponible cuando se le necesita.

Atributos de un elemento de información

- Exactitud: Representa la situación o el estado como realmente es.
- Forma: Puede ser cuantitativa o cualitativa, numérica o gráfica, impresa o electrónica, resumida o detallada. La selección del formato de la información lo dicta la situación en la que será usada.
- Frecuencia: Medida de cuán a menudo se requiere o produce.
- Extensión: Puede cubrir una amplia área de interés o solo una parte.
- Origen: Interna o externa, directa o indirecta
- Temporalidad: Puede estar orientada al pasado, al presente o hacia actividades o sucesos futuros.

> **Minicaso – La información de las credenciales de elector de México**
>
> Todo mexicano, mayor de 18 años recibe una credencial de elector. En ella van el nombre, dirección, fotografía, huella digital y firma del sujeto de la credencial. Con esa información se puede identificar al portador de la misma. La credencial no incluye el peso del sujeto, pues obtener esa información sería muy caro (poner básculas en cada centro, entrenar a los operadores, recopilar los datos, etc.) y no agregaría más certidumbre a la identificación. Si con la fotografía, huella digital y firma no podemos decir si el portador es en realidad del dueño de la credencial, tener información del peso del sujeto no haría nuestra decisión más certera. Decidir qué información incluir en un reporte es una de las responsabilidades más importantes de un diseñador de procesos de negocio.

1.5.- El valor de la información

Algunas veces el efecto de tener la información necesaria para tomar una decisión puede ser cuantificable. Por ejemplo, si se tiene que decidir entre invertir el dinero en un instrumento de renta fija o en otro de rendimiento variable. Si la información nos indica que el rendimiento variable se mantendrá, durante la vida del instrumento, 1% arriba del rendimiento fijo ofrecido en el primer instrumento, entonces tener esa información a tiempo produce una ganancia de ese 1% sobre la inversión.

Otras veces la decisión es probabilística, eso significa que uno puede tomar la mejor decisión, pero las cosas pueden moverse en diferentes direcciones, por lo que uno toma la mejor decisión con la información que tiene. Tener mejor información podría significar mejorar la probabilidad de obtener mejores resultados (aunque eso no se podría asegurar por completo). La decisión de invertir en acciones de una empresa depende de si la información que tenemos apunta a que esas acciones subirán de precio. Sin embargo, el precio de las acciones lo determinan muchas variables, algunas de ellas fuera del control de la empresa, por lo que la decisión de invertir se basa en la mejor información que se tiene, pero no se posee certeza absoluta del resultado final.

Otro ejemplo del valor de la información en decisiones probabilísticas se podría ver en las carreras de caballos. Si hay siete caballos corriendo, y no tenemos información de ninguno de ellos, la probabilidad de elegir al caballo ganador en una apuesta al inicio de la carrera sería de un séptimo. Ahora bien, si alguien me dice que el caballo número uno está enfermo y no tiene posibilidades de ganar, puedo con certeza descartar la posibilidad de que ese caballo gane, por lo que ahora la posibilidad de elegir al caballo ganador es un sexto (mejor que antes).

1.6.- Sobrecarga de información

Si mapeamos la calidad de la información con la calidad de la decisión a tomar, se puede argumentar que a mejor información mejores decisiones, sin embargo, hay dos factores a considerar. Primero, que algunas veces nueva información solo confirma la anterior, por lo que no brinda valor agregado; y la segunda es que son humanos los que tomarán la decisión, por lo que la información debe ser entendible y procesable por una persona.

Llega un punto donde demasiada información puede confundir al tomador de decisiones y su desempeño puede empeorar. Este punto se conoce como el **punto de sobrecarga de información**.

El punto de sobrecarga de información es donde proporcionar más información a un tomador de decisiones produce que se tomen decisiones de menor calidad (por la confusión o falla en el procesamiento humano de los datos). La figura 1.3 ilustra la relación ente calidad de información y calidad de decisión e identifica el punto de sobrecarga de información.

Otro punto importante a considerar, es la relación costo/beneficio de la información. El costo (en tiempo, recursos y dinero) requerido para obtener la información debe compararse con el beneficio esperado de contar con esta. Algunas veces el costo es tan alto que puede optarse por diferentes fuentes de información.

Figura 1.4 – Punto de sobrecarga de información

1.7.- Resumen

- En su definición más amplia, un sistema de inteligencia de negocios es término general que combina las arquitecturas, herramientas, bases de datos, herramientas analíticas, aplicaciones y metodologías para apoyar el proceso de toma de decisiones

- Un sistema de inteligencia de negocios se define como Un sistema integrado usuario-máquina, para proveer información, que apoya el proceso de toma de decisiones en una organización. El sistema utiliza: Arquitecturas y equipos de cómputo, herramientas analíticas y aplicaciones, bases de datos, procedimientos manuales, y metodologías para apoyar el proceso de toma de decisiones

- Los componentes básicos de un sistema de información son entradas, procesos, salidas y retroalimentación

- Desde el punto de vista funcional, se aprecian tres subsistemas básicos: el subsistema de datos, el subsistema de análisis, y el usuario. El primer elemento reúne y prepara datos de diferentes fuentes. El segundo procesa los datos convirtiéndolos en información útil que es recibida por el tercer componente, el usuario, que es quien aprovecha los resultados para que generen valor para la organización.

- Para que la información sea útil debe ser relevante, completa, y oportuna. Las piezas individuales de información deben ser exactas, venir en el formato correcto, con la frecuencia que se requiera, con la extensión adecuada, de la fuente correcta y con la temporalidad necesaria.

- Las características y cantidad de información son importantes pues es necesario que la información no sobrepase el punto de sobrecarga de información, donde más información podría producir decisiones menos efectivas, o donde el costo de producir información sobrepase el valor que esta significa para la decisión.

1.8.- Ejercicios de repaso

Preguntas

1. ¿Qué es un sistema de inteligencia de negocios?
2. ¿qué es un sistema de información?
3. ¿Por qué decimos que un sistema de inteligencia de negocios es mucho más que solo una computadora?
4. ¿Cuál es la diferencia entre datos e información?
5. ¿Cuál es la diferencia entre hardware y software?
6. ¿Qué significa sobrecarga de información?

7. ¿Cuáles son las características más importantes de la información?
8. ¿Qué pasa si la información recibida para una decisión llega tarde?
9. ¿Qué pasa si la información recibida para una decisión no es correcta?

Ejercicios

1. Identifica un proceso en una empresa y describe sus entradas, procesos, salidas y retroalimentación.
2. Identifica las entradas, procesos y salidas de un restaurante al recibir por teléfono una orden por una pizza
3. ¿Cuáles son las entradas procesos y salidas del proceso que sigue un médico al diagnosticar una enfermedad en un paciente?
4. Busca un ejemplo donde demasiada información hace más complicada una decisión.

Capítulo 2

La Tecnología en la Toma de Decisiones

"Esto es solo un anticipo de lo que está por venir, y solo la sombra de lo que será. Hace falta tener algo de experiencia con la máquina antes de conocer realmente sus capacidades. Pueden pasar años antes de dominar las nuevas posibilidades, pero no veo por qué no haya de entrar en alguno de los campos que normalmente cubre el intelecto humano y, finalmente, competir en igualdad de condiciones."

Alan Turing, "The Mechanical Brain. Answer Found to 300-Year-Old Problem" The Times,1949.

2.1.- Objetivos de aprendizaje
- Entender los diferentes tipos de decisiones
- Identificar los diferentes tipos de sistemas de información
- Reconocer los objetivos de los diferentes tipos de sistemas de información
- Entender las funciones de los sistemas de información

2.2.- Niveles en una organización

Para tomar decisiones se requiere información. La información proviene tanto de fuentes externas, como de fuentes internas a la organización. En una empresa, no existe un único sistema de información de dónde obtener todos los datos. En realidad, los datos provienen de varios sistemas diferentes. Las computadoras pueden ayudar en la operación de la empresa, manejo de inventarios, ventas, control administrativo e incluso en la contabilidad del negocio. Muchas veces esto se logra usando sistemas independientes, y todos ellos son fuente de datos para la inteligencia de negocios.

Para entender los datos, hay que saber cómo se generan. Hay diferentes tipos de necesidades y diferentes tipos de trabajos en una organización dependiendo de si el enfoque es en control administrativo, planeación estratégica, o control operacional.

Típicamente, cuando se dibuja una empresa, se usa un triángulo. Este se conoce como el triángulo de Anthony, por el Profesor Robert Anthony que fue quien ideo el modelo. En su libro "Sistemas de Planeación y Control: Un Marco de Referencia para el Análisis" [Anthony, 1965] explica que hay tres niveles organizacionales, como lo ilustra la figura 2.1.

El nivel operacional es donde se fabrican los productos, se atiende al cliente, se empacan y entregan las cajas. El foco ahí es en "asegurar que actividades específicas se lleven a cabo de forma efectiva y eficiente" El nivel táctico, que Anthony llama nivel administrativo, se enfoca en "asegurar que los recursos sean obtenidos y utilizados de manera efectiva y eficiente para alcanzar los objetivos de la organización".

Figura 2.1 – Niveles en una organización

El nivel estratégico es donde "se deciden los objetivos de la organización, los cambios a esos objetivos, los recursos a utilizar para alcanzar los objetivos, y las políticas que rigen la adquisición, uso y disposición de esos recursos".

En el nivel estratégico se planea el futuro de la organización, a nivel táctico se aterrizan los planes estratégicos y se resuelven los problemas de operación. A nivel operativo se trabaja en resolver los problemas del presente. Si un operador está resolviendo los problemas del presente, no tiene tiempo de pensar en el mañana, ese es el trabajo del líder, enfocarse en el futuro.

> **Minicaso – Diferentes niveles administrativos en una cadena de supermercados**
>
> En una cadena de supermercados con varias tiendas, se puede apreciar los diferentes niveles administrativos.
>
> El nivel operacional lo ocuparían los empleados de las tiendas encargados del piso de ventas, el almacén y las cajas.
>
> El nivel táctico lo ocuparían los gerentes de cada tienda. Ellos se encargan de resolver los problemas operacionales que surjan en su tienda, y también de aterrizar los planes de la alta administración.
>
> El nivel estratégico lo ocuparían los directores del corporativo. En ese nivel se toman decisiones de ubicación de nuevas tiendas, la orientación de los productos a vender o la dirección que tomarán las campañas publicitarias de la empresa.

2.3.- Tipos de decisiones

El papel de las computadoras también es diferente en los distintos niveles organizacionales. Hace más de cincuenta años Anthony decía: "En el nivel de control administrativo domina el juicio y sentimientos de los seres humanos; en las computadoras eso está necesariamente ausente. En la planeación estratégica, un modelo que abarque toda la empresa puede resultar una herramienta valiosa para examinar las repercusiones en la organización de una estrategia propuesta...En el nivel de control operacional, los modelos para control de áreas específicas son esenciales, y el uso de la computadora es común." [Anthony, 1965]

Una de las razones por el diferente papel de la tecnología es que hay diferentes tipos de trabajo y diferentes tipos de decisiones en cada nivel. Se identifican dos tipos principales de decisiones: decisiones estructuradas y decisiones no estructuradas [Gorry & Scott-Morton, 1971].

Las **decisiones estructuradas** son aquellas que tienen un procedimiento definido, puede no ser sencillo, pero existe una serie de pasos a seguir para tomar la decisión. Por ejemplo, la decisión de un cajero de pagar, o no, un cheque en una ventanilla del banco, puede no ser simple, pero tiene reglas muy específicas. Las reglas son claras: la cuenta debe existir, las firmas del cheque y la cuenta deben cuadrar, y el saldo disponible en la cuenta debe ser mayor que el monto del cheque (entre otras cosas). Otra decisión estructurada sería por ejemplo el punto de reorden en una tienda al menudeo. Si sabemos que el proveedor tarda 2 días en surtir un artículo y sabemos que ese artículo vende 2 unidades al día, habría que pedir un nuevo embarque al menos cuando quedaran cuatro unidades en existencia, así se evitaría dejar a la tienda sin inventario. Esa decisión tiene reglas: si llego a cuatro unidades, entonces pongo la orden de resurtido.

Las **decisiones no estructuradas** son aquellas donde el encargado de tomarlas debe aportar criterio, evaluación y entendimiento a la definición del problema. Por ejemplo, el decidir en qué esquina colocar un supermercado requiere información del tráfico esperado y las condiciones del terreno, pero también requiere experiencia conociendo al cliente típico de esa zona y una idea de qué se esperaría en el futuro para esa parte de la ciudad. Otras decisiones no estructuradas estarían en el área de recursos humanos. Cuando se decide contratar a alguien, no es solamente por sus credenciales, un experto en selección de personal entrevista al candidato y en base a lo que pase en la entrevista, un especialista con experiencia puede saber si el candidato es, o no, apto para el puesto. La respuesta a una decisión no estructurada "se siente", aunque no podemos decir exactamente qué es lo que se debe sentir.

Es posible identificar decisiones de todos tipos en todos los niveles. Sin embargo, a nivel operacional la mayoría de las decisiones tienden a ser estructuradas, mientras que a nivel estratégico las decisiones tienden a ser no-estructuradas, como lo muestra la figura 2.2

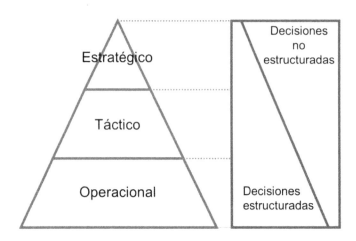

Figura 2.2 – Tipos de decisiones prevalentes de acuerdo al nivel organizacional donde se presentan.

2.4.- Tipos de sistemas de información

Sistemas de procesamiento de transacciones

Si en una organización hay decisiones estructuradas bien entendidas, estas se pueden programar en un sistema de cómputo. Estos sistemas se conocen como **sistemas de procesamiento de transacciones** (TPS por sus siglas en inglés). Este tipo de sistemas registra y procesa las transacciones diarias necesarias para operar una empresa. Se encuentran en el nivel operacional.

Algunos ejemplos de sistemas de procesamiento de transacciones serían los sistemas para procesar la nómina, cuentas por cobrar, cuentas por pagar, inventarios, etc.

En un supermercado, los sistemas de cobro a clientes, manejo de inventarios y administración de personal serían ejemplos de sistemas de procesamiento de transacciones. Sus reportes servirían para responder preguntas operativas que ocurren día a día en el negocio.

Sistemas de información gerencial

Los **sistemas de información gerencial**, o sistemas de reporte de información (MIS o IRS por sus siglas en inglés), apoyan al nivel táctico de la organización. En general utilizan datos de las transacciones internas de la empresa y las presentan en forma condensada o identificando puntos fuera de rango para facilitar las decisiones gerenciales. Casi siempre, para sus datos, usan las salidas de los sistemas de procesamiento de transacciones.

En el caso del supermercado, el gerente de la tienda no necesita saber exactamente cuántas latas de atún, o cuántas barras de jabón hay en la tienda. Lo que le interesa saber es si el nivel de inventario de alguno de los productos importantes está peligrosamente bajo, o si tienen demasiadas unidades de algún producto perecedero, porque eso le ayudaría a orientar sus campañas publicitarias o la distribución de sus productos en el piso de ventas. Sistemas para análisis de ventas, orientación de campañas de mercadotecnia, o planeación de la producción, serían representativas de este tipo de sistema.

Sistemas de soporte a las decisiones

Si el trabajo de un sistema de información es apoyar las decisiones, pero no podemos definir cómo se toma esa decisión, ¿cómo se puede programar una computadora para proporcionar el apoyo necesario?

La respuesta es que, aunque no sepamos cómo se toma una decisión, sabemos que esta decisión la toma un ser humano y que necesita ver la información disponible para poderla analizar y obtener un sentido de la situación presente. En base a la información disponible, el usuario toma la mejor decisión posible según su criterio. Estos sistemas usan tanto información interna de la empresa, como externa, y requieren de herramientas para visualizar y manipular los datos. Un usuario "juega" con los datos hasta que estos le "dicen" algo, y entonces toma la decisión.

Entonces, un **sistema de soporte de decisiones** (DSS por sus siglas en inglés) ayuda a los gerentes a tomar decisiones que son únicas, cambian constantemente y no se pueden especificar con anticipación.

En el caso del supermercado, decisiones como la ubicación de una nueva tienda, la planeación de las inversiones, o el lanzamiento de campañas de mercadotecnia global podrían ser apoyadas con sistemas de soporte de decisiones.

La figura 2.3 ilustra la relación entre los niveles organizacionales y los tipos de sistemas de información.

Figura 2.3 – Relación entre los niveles organizacionales y los tipos de sistemas de información.

2.5.- Los sistemas para conectar la información de toda la empresa

Imagínese si un administrador, para tomar una decisión, tuviera que consultar varios, quizá cientos de sistemas de información instalados en la empresa. Ninguno de esos sistemas se puede comunicar con otros y cada uno presenta reportes diferentes. Probablemente el tiempo que requeriría tomar la decisión sería mayor que el tiempo disponible y seguramente la cantidad de información rebasaría el punto de sobrecarga de información.

Cuando las computadoras recién llegaron a las empresas, se desarrollaron sistemas independientes, cada uno construido por un grupo diferente y con sus propios datos. El problema fue que al tratar de que se comunicaran los sistemas y pasaran información entre ellos, se hizo evidente que cada sistema tenía una visión diferente de la empresa. Mientras que los sistemas de ventas veían clientes, los de ingeniería veían números de parte o producto, los de caja veían flujo de efectivo. Al tratar de integrarlos, las empresas se dieron cuenta que eso sería un trabajo casi imposible, pues para cuando un sistema se podía conectar con su vecino, el segundo ya había cambiado y requería otro tipo de conexión.

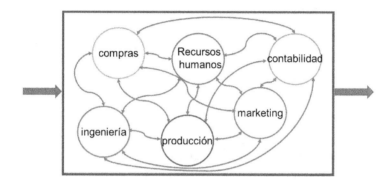

Figura 2.4 – Visión de sistemas independientes interconectados

Una solución es la implementación de **aplicaciones empresariales**, que son sistemas que abarcan varias áreas funcionales, se enfocan en ejecutar procesos de negocio a través de la empresa e incluyen todos los niveles de la administración [Laudon & Laudon, 2019].

Hay cuatro tipos principales de aplicaciones empresariales:

- Sistemas de planeación de recursos empresariales (enterprise resource planning systems, o ERP por sus siglas en inglés),
- Sistemas de administración de la cadena de suministros (supply chain management systems, o SCM por sus siglas en inglés),
- Sistemas de administración de la relación con clientes (customer relationship management systems, o CRM por sus siglas en inglés)
- Sistemas de administración del conocimiento (knowledge management systems, o KMS por sus siglas en inglés)

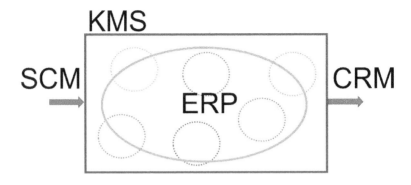

Figura 2.5 – Visión de aplicaciones empresariales integradas

Sistemas de planeación de recursos empresariales (ERP)

Los **sistemas de planeación de recursos empresariales** sirven para integrar los sistemas de manufactura y producción; ventas y mercadotecnia; contabilidad y finanzas; y recursos humanos en un solo sistema coordinado. Un ERP proporciona un solo sistema para todos los procesos internos clave de la empresa. De esta forma, cuando producción necesita que un empleado haga horas extras, automáticamente se actualiza su pago y la contabilidad. Cuando se completa una venta, automáticamente se informa a producción y a compras.

Un ERP automatiza muchos de los procesos de negocios asociados con los aspectos operativos o de producción. El sistema reúne los datos de todos los procesos y los almacena en una base de datos central que se comparte por todos los componentes.

Los sistemas ERP son modulares, es decir, una empresa puede adquirir uno o más módulos e ir integrando diferente funcionalidad a su sistema.

Son configurables, lo que significa que se pueden ajustar para satisfacer las necesidades de una empresa. Por ejemplo, una empresa puede permitir que un comprador autorice transacciones de hasta $10,000 y requerir la firma del director del departamento para compras que excedan esa suma, mientras que, para otra, el límite podría ser $150,000, o requerir dos firmas. Normalmente la configuración la hace una empresa externa que analiza los procesos e introduce las reglas del negocio en el sistema.

Entre las ventajas que ofrecen, está el tener una visión completa de la empresa, el coordinar diferentes funciones y el que el software se pueda implementar de forma relativamente rápida, comparado con el tiempo que tomaría diseñar todas las soluciones e interconectarlas. Una solución de ERP puede costar desde dos mil dólares hasta más de diez millones de dólares, dependiendo del tamaño de la empresa y la dificultad en la operación; y puede tardar desde un par de meses hasta dos años en completarse. Sin embargo, los ahorros en costo y eficiencias que conlleva un ERP más que justifican la inversión.

Una desventaja de los ERP es que, si la empresa no tiene procesos definidos, sería muy complicado implementar un sistema que automatice procesos que no existen. Adicionalmente, se requiere de capacitación compleja para los usuarios y para el personal que mantiene y desarrolla extensiones del ERP de la empresa.

Algunos ejemplos de proveedores de sistemas ERP disponibles en el mercado serían: SAP, Oracle, y Microsoft. Algunas empresas que proveen servicios de consultoría para la implementación de soluciones ERP serian: Accenture, Deloite, IBM, Capgemini, EY, y PwC. [Faith, et al., 2020; DiCapua et al., 2020]

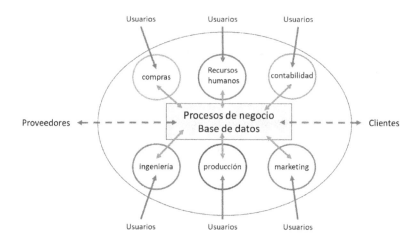

Figura 2.6 – Modelo de un ERP

Sistemas de administración de la cadena de suministros (SCM)

De nada sirve que el departamento de ventas firme un contrato con un cliente y que se optimice la producción si la empresa no tiene y no puede conseguir la materia prima. No importa qué tan eficiente sea mi producción de bicicletas, si no tengo llantas no podré construir ninguna.

Los **sistemas de administración de la cadena de suministros** (supply chain management, o SCM por sus siglas en inglés) se enfocan en coordinar actividades de compra y transporte de materias primas y productos, buscando garantizar el abastecimiento al menor costo posible y reduciendo los inventarios al mínimo sin afectar la producción. Normalmente una empresa tiene inventario de materia prima para responder a demandas de producción, sin embargo, el dinero invertido en el inventario no se recupera sino hasta que se fabrica y vende el producto que lo utiliza, por lo que tener un alto nivel de inventario conlleva a tener un alto costo financiero.

En teoría, el nivel ideal de inventario es cero, a esta práctica se le conoce como Just In Time y requiere tal nivel de coordinación que cuando producción requiere una pieza para poner en el producto, en ese momento está llegando la pieza directo del fabricante, es como si al bajar las piezas del camión de mi proveedor estas se instalaran directamente en mis productos. Hacer esto requiere gran coordinación entre los participantes de la cadena de producción y es muy complejo pues un error de cualquiera de los participantes pondría en peligro la estabilidad de toda la cadena. En la práctica, siempre se necesita un cierto nivel de inventario, aunque se busca que sea lo más bajo posible, sin que ponga en peligro a la producción.

Algunas empresas líderes en soluciones de administración de cadena de suministros son: Oracle, SAP, Blue Yonder, Kinaxis, E2open, y Logility. [Salley,et al., 2021]

Sistemas de administración de la relación con clientes (CRM)

Los **sistemas de administración de la relación con clientes** (customer relationship management, o CRM por sus siglas en inglés) se enfocan en administrar las interacciones con los clientes. Usan información de la interacción que ha tenido un cliente con la empresa para identificar su potencial, retener al cliente y aumentar ventas. Un CRM responde a preguntas como ¿quiénes son nuestros mejores clientes? ¿Qué se está vendiendo? ¿dónde? Los CRM apoyan las ventas en tres etapas: pre-venta, venta y post-venta.

Los sistemas de pre-venta coordinan los esfuerzos de mercadotecnia de la empresa, ayudan a identificar clientes potenciales, administran el pipeline de ventas, administran y mide la eficacia de las campañas publicitarias.

Los sistemas de apoyo al proceso de ventas simplifican el trabajo del vendedor al estar frente a un cliente, ofrecen sistemas para presentar cotizaciones, configuradores de paquetes, información de contactos, hasta herramientas para calcular las comisiones del personal de ventas (para que dediquen su tiempo a vender en lugar de estar llenando formatos internos para cobrar su comisión).

Los sistemas de post-venta consisten en el manejo de garantías y servicio al cliente. El manejo del centro de servicio y atención a clientes (o call center) para atender preguntas o reclamos del cliente y la atención de llamadas de servicio en caso que se tenga que reparar un producto, son ejemplos de aplicaciones de este tipo.

Quizá el líder en soluciones CRM es Salesforce, una empresa que trabaja en la nube y brinda sus servicios por Internet a sus clientes en un modelo de suscripción. Otros proveedores de sistemas ERP son: Adobe, Oracle, Microsoft, Creatio, Pegasystems y Servicenow. Entre las empresas consultoras que pueden apoyar en la implementación de soluciones de CRM están: Deloitte, Accenture, IBM, Capgemini y PwC. [Hansen, et al., 2020; Manusama & LeBlanc, 2020; Sparks, et al., 2020]

Minicaso – Los sistemas de apoyo a ventas cambiaron la forma de comprar un coche

Hace algunos años, en las agencias automotrices, si un cliente llegaba a preguntar por un coche y pedía precio de ciertas opciones como ciertas llantas, equipo de sonido, etc. El vendedor tomaba nota de la solicitud y tenía que consultar varios manuales para calcular el precio final del automóvil. Este proceso podía tomar hasta medio día. El cliente tenía que regresar al día siguiente solo para saber cuánto costarían las opciones que solicitaba.

Hoy el proceso es diferente, se sienta el cliente con el vendedor, el cliente elige las alternativas que desea en su coche y el vendedor las introduce en la computadora. Inmediatamente se puede imprimir una cotización, con el precio final, una fotografía de cómo se vería el coche ya con esas opciones integradas, la fecha esperada de entrega y alternativas de financiamiento. Una vez que entra un cliente a la agencia, no se le puede dejar ir sin una oferta formal.

Sistemas de administración del conocimiento (KMS)

El valor de una empresa es mayor al precio de sus activos. Una empresa vale por sus edificios y maquinaria, pero también por sus activos de conocimiento intangibles. El conocer a sus clientes, la forma de fabricar sus productos, y cómo desarrollar nuevas soluciones, son activos intangibles que pueden tener un valor importante para la empresa.

Un **sistema de administración del conocimiento** (knowledge management system, o KMS por sus siglas en inglés) reúne el conocimiento de la empresa y lo pone al alcance de quien lo necesite en el momento apropiado. Las funciones de un KMS incluyen: adquisición del conocimiento, donde se identifica, registra y almacena la información que se compartirá; el almacenamiento del conocimiento en bases de datos especializadas; la distribución del conocimiento a quien lo requiere mediante portales y motores de búsqueda; y la aplicación del conocimiento, mediante sistemas expertos o sistemas de soporte a las decisiones.

2.7.- Resumen

- Para tomar decisiones se requiere información. La información proviene tanto de fuentes externas, como de fuentes internas a la organización. En una empresa, no existe un único sistema de información de dónde obtener todos los datos. En realidad, los datos provienen de varios sistemas diferentes.
- Hay tres niveles organizacionales: En el nivel estratégico se planea el futuro de la organización, a nivel táctico se aterrizan los planes estratégicos y se resuelven los problemas de operación. A nivel operativo se trabaja en resolver los problemas del presente
- El papel de las computadoras también es diferente en los distintos niveles organizacionales.
- Hay diferentes tipos de trabajo y diferentes tipos de decisiones en cada nivel. Las decisiones estructuradas tienen un procedimiento definido, las decisiones no estructuradas no tienen reglas y el encargado de tomarlas debe aportar criterio, evaluación y entendimiento a la definición del problema.   Hay más decisiones estructuradas a nivel operacional y no estructuradas a nivel estratégico.
- Como hay diferentes necesidades de información, hay diferentes tipos de sistemas de cómputo: TPS registra y procesa las transacciones diarias necesarias para operar una empresa. MIS o IRS apoyan al nivel táctico de la organización en decisiones, DSS ayuda a los gerentes a tomar decisiones que son únicas, cambian constantemente y no se pueden especificar con anticipación.
- Las aplicaciones empresariales, son sistemas que abarcan varias áreas funcionales, se enfocan en ejecutar procesos de negocio a través de la empresa e incluyen todos los niveles de la administración. Hay cuatro tipos: ERP proporciona un solo sistema para todos los procesos internos clave de la empresa, SCM se enfocan en coordinar actividades de compra y transporte de materias primas y productos, CRM se enfocan en administrar las interacciones con los clientes, KMS reúne el conocimiento de la empresa y lo pone al alcance de quien lo necesite en el momento apropiado.

2.8.- Ejercicios de repaso

Preguntas

1. ¿Qué funciones se realizan primordialmente en el nivel estratégico de la organización?
2. ¿Qué funciones se realizan primordialmente en el nivel táctico de la organización?
3. ¿Qué funciones se realizan primordialmente en el nivel organizacional de la empresa?
4. Identifica tres decisiones estructuradas que existen en un restaurante de comida rápida
5. Menciona cuatro decisiones no estructuradas que podrías encontrar en una fábrica de zapatos
6. ¿Para qué sirven los sistemas de procesamiento de transacciones y qué tipo de decisiones apoyan?
7. ¿Qué función tienen los sistemas de información gerencial?
8. ¿Cuál es la función de un sistema de soporte de decisiones?

Ejercicios

1. Analiza la estructura organizacional de una empresa en tu región. Clasifica los puestos definiendo si son estratégicos, tácticos u operacionales.
2. Investiga en el mercado los nombres de dos empresas que vendan sistemas de planeación de recursos empresariales (ERP)
3. Investiga la empresa SAP, ¿qué tipos de sistemas son su principal fuente de ingresos?
4. Investiga la empresa Salesforce, ¿qué tipo de tecnología ofrece? ¿Para qué sirve?

Capítulo 3

Analítica de Datos en los Negocios

"Aún no dispongo de datos. Es un error capital tratar de formular teorías antes de tener datos. Sin darse cuenta, uno empieza a deformar los hechos para que se ajusten a las teorías, en lugar de ajustar las teorías a los hechos."

Sherlock Holmes en "Un Escándalo en Bohemia", Sir Arthur Conan Doyle, 1891.

3.1.- Objetivos de aprendizaje

- Conocer los tres componentes básicos de un sistema de inteligencia de negocios
- Distinción entre la analítica descriptiva, la predictiva y la prescriptiva.
- Identificar los retos y riesgos en la captación y análisis de datos, así como los tipos de datos erróneos.
- Identificación de distintas herramientas para el análisis de información y sus características generales.
- Reconocimiento de las diferencias entre los paneles de control y los cuadros de mando.
- Identificar las características de la denominada big data.
- Comprender la diferencia entre los datos operacionales y los datos experienciales y su relevancia.
- Comprender los desafíos éticos y las regulaciones en seguridad y confidencialidad de datos.

3.2.- Analítica descriptiva, predictiva y prescriptiva

Como se presenta al inicio de este libro, desde un punto de vista funcional, un sistema de inteligencia de negocios se integra por tres componentes principales: el subsistema de datos, el subsistema de análisis y el usuario.

El subsistema de datos es el encargado de recopilar, limpiar y almacenar la información necesaria para las decisiones. La información puede provenir de fuentes internas a la empresa o externas, se almacena temporalmente en un almacén de datos (Data Warehouse o Data Mart) y está disponible para ser utilizada por el subsistema de análisis.

El subsistema de análisis consiste de los modelos matemáticos, herramientas y programas de cómputo que permiten manipular los datos para identificar tendencias, estadísticas o formas de presentar la información al tomador de decisiones.

El usuario es quien recibe los resultados y, en base a la información recibida, el contexto de la decisión y su propia experiencia, decide si se requiere más información, otro tipo de procesamiento, o si se puede tomar una decisión.

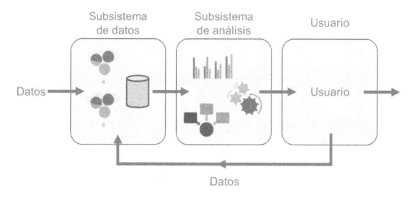

Figura 3.1 – Componentes de un sistema de inteligencia de negocios

Las herramientas de Inteligencia de Negocios pueden tener tres principales perspectivas analíticas: descriptiva, predictiva y prescriptiva. Originalmente, las herramientas para cada una de dichas funciones eran diferenciadas, pero cada vez es más común encontrar aplicaciones que integran de funcionalidades que cubren más de una perspectiva o las tres. Hay que considerar que las otras herramientas de análisis de datos enunciadas con anterioridad pueden tener algunas de estas perspectivas también.

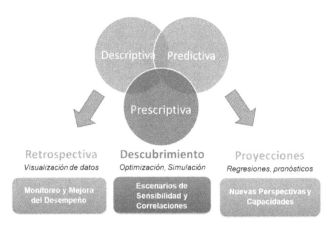

Figura 3.2 - Perspectivas de Análisis en Inteligencia de Negocios

Analítica Descriptiva: permite analizar la información registrada, lo ya ocurrido en una organización, usualmente con la finalidad de monitorear y mejorar el desempeño. Algunos ejemplos son gráficos que muestren la rotación del inventario, tendencias históricas del desempeño de costos año con año, segmentación del mercado, medición de la satisfacción de los clientes o los resultados de operaciones.

Analítica Predictiva: permite analizar la información registrada, buscando identificar patrones y tendencias futuras mediante regresiones. Algunos ejemplos son: previsiones de los días de stock que se prevé que se tenga una mercancía, un análisis de qué artículos le pudieran interesar a un cliente tomando en cuenta su comportamiento, potenciales transacciones fraudulentas dentro del comportamiento de compras con una tarjeta de crédito o la proyección financiera de una organización.

Analítica Prescriptiva: permite jugar con simulaciones de escenarios, realizando análisis de sensibilidad (también conocidos como análisis "what-if", donde un sistema arroja resultados dependiendo de supuestos impuestos) y optimización de resultados. Entre los ejemplos para este apartado puede estar las recomendaciones de reaprovisionamiento de inventario, la selección de un portafolio de inversión para alcanzar una meta financiera o simulación de escenarios para la determinación de mantenimiento preventivo en producción de acuerdo a determinados síntomas o valores.

3.3.- El subsistema de datos

El subsistema de datos es el encargado de recopilar, limpiar y almacenar la información necesaria para las decisiones. La información puede provenir de fuentes internas o externas a la empresa. Normalmente no es conveniente trabajar directamente con los datos de los sistemas de producción (no sería divertido si alguien quisiera analizar un escenario de producción y esto hiciera que se detuviera el trabajo en la planta de manufactura). Por lo tanto, los datos relevantes se copian a un almacenamiento temporal llamado almacén de datos (Data Warehouse o Data Mart). De igual forma, los datos externos relevantes son extraídos y almacenados en el mismo contenedor para que estén disponibles para el análisis.

El subsistema de datos se compone de las fuentes de datos internas, las fuentes de datos externas, los sistemas de extracción de datos y el almacén de datos. Una práctica común es que el componente de extracción de datos interactúe con los otros sistemas internos de la empresa y copie la información necesaria al almacén de datos. Este proceso generalmente ocurre en la noche, por lo que cada día se tienen datos frescos y actualizados para trabajar en las decisiones. Si por algún error en el proceso se borraran o modificaran algunos datos en el almacén de datos, es posible solicitar una nueva copia fresca de la información para regresar al proceso de toma de decisiones. De igual forma, si las decisiones requieren información al minuto, es posible diseñar sistemas de extracción que actualicen constantemente los datos del almacén de datos.

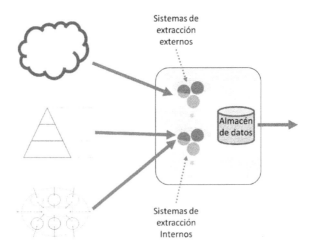

Figura 3.3 - Componentes del subsistema de datos de un sistema de inteligencia de negocios

Retos en la recopilación de datos

Dice el coronel y comandante de la NASA Chris Hadfield: "Ningún astronauta se lanza al espacio con los dedos cruzados. Así no es como lidiamos con el riesgo." En realidad, todas las decisiones importantes en las organizaciones deberían de tomarse con esa misma postura, buscando minimizar cualquier error o resultado no contemplado al realizar un análisis de todos los escenarios, tendencias y correlaciones, entender las anomalías que pudieran surgir y con ello definir posibles alternativas de acción. El gran reto es que un análisis a profundidad difícilmente lo va a poder realizar una persona sin la ayuda de una máquina, que puede encontrar hallazgos destacados donde el humano no los identifica a simple vista.

Hoy en día, las primordiales amenazas para la supervivencia, tanto de las organizaciones como de las sociedades, no vienen de hechos repentinos, sino de procesos lentos y graduales. Por ello, se vuelve muy relevante encontrar patrones, tendencias, correlaciones y causalidades entre las diferentes variables existentes.

La gran mayoría de los dueños de PyMEs en Latinoamérica pasan más tiempo tratando de obtener información que dirigiendo sus empresas. De acuerdo a encuestas dirigidas a gerentes y directores, el 20% del tiempo o más se llega a invertir en procesar información. En perspectiva, esto representa que en una organización con labores de acuerdo a semana inglesa (trabajo de lunes a viernes), uno de los cinco días es enteramente dedicado a ello. La utilización de herramientas que logran consolidar y presentar la información de acuerdo a los requerimientos de la compañía permiten minimizar este esfuerzo.

Esto llega a ser paradójico, en plena Era de la Información, y lo es más considerando que en muchas ocasiones no está mostrando información que nos ayude a conocer el negocio mejor. Por ello, el problema en la gran mayoría de las organizaciones más que tecnológico, incluso es estratégico: usualmente no se sabe qué hacer con la información.

Otros dos aspectos primordiales para el adecuado análisis de datos son las **fuentes de información** y su automatización, así como la **depuración y corrección de los datos**.

De acuerdo con investigaciones de hace algunos años en Estados Unidos, el costo de datos erróneos ha llegado a tener una implicación de un **10-25% de los ingresos de un negocio**, lo cual tiene una repercusión de más de 3 billones de dólares (USD 3 trillion en su acepción en inglés) al año. [Colosimo, 2015]

En informática es muy conocido el término "basura entra, basura sale", refiriéndose que entre más contaminada y con información errónea se tenga una base de datos, el análisis y conclusiones que se obtengan al respecto por consiguiente saldrán contaminados en la misma proporción. Es por esto que las empresas tienen que identificar los riesgos que existen en el proceso y las herramientas de generación de la información en los diferentes departamentos, con la finalidad de poder minimizarlos. Desafortunadamente, la mayoría de las organizaciones no focalizan esfuerzos en la revisión, depuración y corrección de datos.

Figura 3.4 - Categorías de datos erróneos

En una base de datos, tradicionalmente existen 4 tipos de datos erróneos: los **datos duplicados**, la **información faltante**, la **información inexacta** y la **información incorrecta**.

Datos Duplicados: se refiere aquellos datos que están registrados dos (o incluso a veces más) veces en la base de datos. Por ejemplo, un cliente que es dado de alta por dos vendedores diferentes o un artículo registrado más de una vez.

Información Faltante: en ocasiones en los registros se considera el llenado de ciertos campos que permiten segmentar o brindar mayor información relacionada a la transacción o registro a realizar. Por ejemplo, que en los datos maestros de un cliente se defina un campo para el registro del giro de la empresa, y la persona a cargo de capturar dicho registro lo deje en blanco.

Información Inexacta: existe información que fue correcta cuando fue dada de alta, pero que con el tiempo cambió y ya es errónea. Por ejemplo, un cliente que cambió de domicilio o de persona de contacto, y eso no se ha modificado en la base de datos.

Información Incorrecta: está relacionado a cualquier dato que es incorrecto en la base de datos (en estricta teoría, la información inexacta también pudiera considerarse dentro de esta categoría). Por ejemplo, un artículo que cuando se da de alta, su precio se especifica mal.

De las cuatro categorías, las primeras dos son más fáciles de identificar y corregir que las segundas dos. Los datos duplicados en ocasiones se resuelven con validaciones realizadas en la base de datos (por ejemplo, que el sistema al realizar el registro no permita crearlo si ya existe un cliente con la misma razón social o registro federal de contribuyentes). Esto es un poco más complejo cuando los registros no son idénticos, en donde hay ciertas variaciones en cómo se escribe una descripción de un artículo, digamos. Existen herramientas para preparar y limpiar datos, como OpenRefine y Tableau Prep, que permiten agrupar registros similares para obtener recomendaciones automáticas para homologar registros que en teoría deberían de tener misma información.

En el caso de la información faltante, las validaciones a crear por parte del sistema son normalmente todavía más fáciles, dado que no se debe de permitir dejar los campos identificados como obligatorios en blanco para que se pueda generar el registro.

En el caso de la información inexacta e incorrecta, usualmente es información más complicada de validar, salvo que el contenido del campo sea evidentemente incorrecto por cualquier persona ajena a los datos (por ejemplo, alguien que, en lugar de poner una descripción, ponga un punto únicamente). Estos casos requieren personal que tenga rutinas de revisión y corrección de datos o procesos en aplicaciones o portales donde se solicita a un cliente o proveedor que revise que sus datos relacionados sean correctos o requieran una actualización. Así, dependiendo de las posibles causas de los errores (mala interpretación, mal tecleo de la información e incluso problemas con interfaces hacia otras plataformas de donde se obtiene originalmente la información), es necesario promover capacitaciones, crear rutinas de revisión o incluso algún incentivo (o incluso castigo en caso de tener una calidad de datos inaceptable) para los procesos de validación.

Es importante considerar que, típicamente, los procesos más automatizados y que requieren una menor intervención y manipulación de los datos por parte de las personas tienen menor potencial de tener errores. Es por esto que las soluciones ERP (por sus iniciales, Enterprise Resource Planning) son tan relevantes para ello, dado que automatizan el flujo de información entre departamentos, y sobre todo aquellas con una mayor penetración de mercado y protocolos con estándares internacionales en sus procesos, como SAP u Oracle.

De acuerdo con los resultados de ciertas investigaciones (ver Figura 3.5), las compañías con mejor desempeño por lo general invierten en la gestión e integración de datos, así como en procesos y tecnología para la integridad de datos para mejorar la calidad y la coordinación.

Estos datos son usados para influir en la toma de decisiones y como fuente para entrenar la inteligencia artificial y los algoritmos de aprendizaje automático, un círculo virtuoso de reforzamiento positivo.

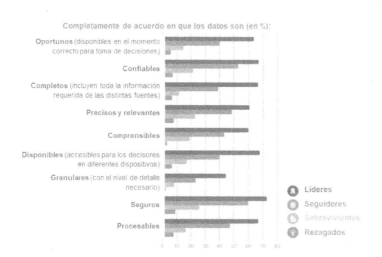

Figura 3.5 - Resultado de Investigación Internacional de IDC sobre la calidad de los datos Fuente: [IDC, 2019]

Las Muestras en el Análisis de Datos

En analítica de datos, como en la estadística en lo general, mientras se cuente con más información para su análisis, es mejor. Hay que tener en cuenta que, si se tuviera un registro de cada variable posible dentro del universo a analizar, se diría que el análisis se realizaría de la **población**. Desafortunadamente, eso en la mayoría de las ocasiones es muy difícil, costoso o hasta imposible de lograr. Por ejemplo, si se quisiera la opinión en materia de seguridad de cada persona dentro de nuestro país (o incluso dentro de un estado específico), sería una labor titánica, cuyos resultados no justificarían la inversión asociada. Es por ello, que el análisis comúnmente se realiza de una **muestra** de dicha población, es decir, tan solo de una parte de la misma. Para ello, hay que tener en cuenta que dicha muestra tiene que ser **representativa** (típicamente en una población finita entre el 5% y el 10% de los datos de la población).

La obtención de los datos debe de ser aleatoria dentro de los diferentes tipos de segmentos de la población, dado que, de lo contrario, existe un alto riesgo de que dicha información se encuentre **sesgada**. Por ejemplo, una encuesta a ciudadanos vía internet acerca de su percepción del desempeño del gobierno local ignora a ciudadanos sin acceso a internet, por lo cual seguramente será sesgada.

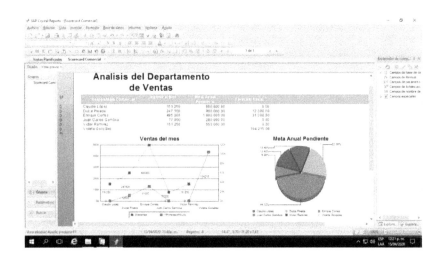

Figura 3.6 - Ejemplo de Reporte en Crystal Reports

3.4.- El subsistema de análisis

El subsistema de análisis consiste de los modelos matemáticos, herramientas y programas de cómputo que permiten manipular los datos para identificar tendencias, estadísticas o formas de presentar la información al tomador de decisiones. Se compone del equipo (hardware) especializado para procesar y presentar la información, más los programas (software) necesarios para el análisis.

A pesar que la mayor parte de las organizaciones, en mayor o menor medida, llegan a utilizar hojas de cálculo (principalmente Excel) para la elaboración de reportes y gráficos, existen herramientas complementarias, como paqueterías para visualización de reportes planos que tienen algunos sistemas administrativos o directamente en los gestores de bases de datos (por ejemplo, SQL Server). Otros, como Crystal Reports, son herramientas de inteligencia empresarial con facultades de mostrar reportes gráficos y desarrollar formatos, pudiendo clasificar, insertar formatos condicionales, parámetros o agrupaciones en la visualización, además de generar gráficos o reportes asociados (anidados) entre sí, pudiendo tener acceso controlado por reporte a diferentes usuarios (ver Figura 3.6).

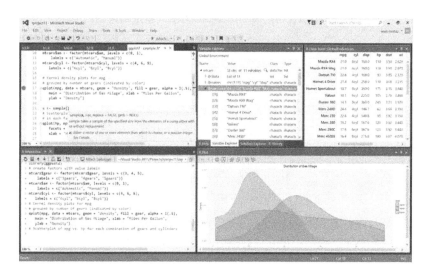

Figura 3.7 - Ejemplo de Microsoft R Open

35

También existe software de análisis estadístico, como SPSS, Matlab o R, que permiten identificar la dispersión, correlaciones, tendencia central o regresiones entre conjuntos de datos, teniendo opción de mostrar resultados de forma gráfica (ver Figura 3.7). Otra categoría de software, el Data Mining, también utiliza información estadística, pero para descubrir de forma automatizada patrones en grandes volúmenes de datos y transformarlos en información más refinada. Algunos ejemplos son Rapidminer y Sisense (ver Figura 3.8).

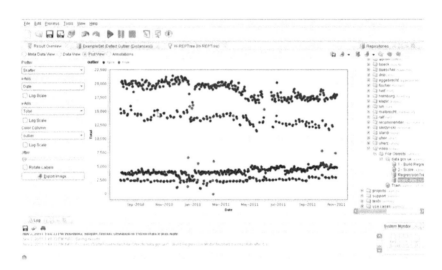

Figura 3.8 - Ejemplo de Rapidminer

Sin embargo, existen aplicaciones diseñadas para un análisis más completo y versátil de la información, denominadas herramientas de Inteligencia de Negocios (conocidas también como Business Intelligence o BI), orientadas al desarrollo y alcance de los objetivos organizacionales mediante los analíticos y las cuales pueden tener una diversidad de funcionalidades, dependiendo de las perspectivas que abarcan. Como definición, se podría decir que los BI son sistemas que permiten la recolección, administración e interpretación de información, permitiendo su análisis gráfico para la toma de decisiones.

Una ventaja de estas herramientas es que por lo general se pueden conectar a las bases de datos más comunes, sin importar el sistema administrativo en el que se trabaje, e incluso pueden conectar información desde diferentes herramientas (con diferentes bases de datos) de manera simultánea. Lo importante es que los datos estén físicamente almacenados en algún gestor de base de datos y que estén estructurados (lo cual se puede lograr a través de la modelación de datos).

Panel de Control	Cuadro de Mando
Progreso a lo largo del tiempo	Estado en un punto en el tiempo
• Operacional (Corto Plazo) • Secuencia de valores en tiempo real	▪ Estrategia (Largo Plazo) ▪ Real vs Objetivo (KPIs) ▪ Actualización periódica (estáticos)

Figura 3.9 - Comparativo entre Panel de Control y Cuadro de Mando

Paneles de Control (Dashboards) vs Cuadros de Mando (Scorecards)

En la ejecución, dentro del análisis descriptivo normalmente es importante monitorear la operación, y eso se da desde dos tipos de reportes diferentes: los paneles de control y los cuadros de mando.

Un **panel de control** (dashboard) concentra múltiples informes que brindan un acceso fácil a varios conjuntos de datos simultáneamente (ver Figura 3.10). A diferencia de los cuadros de mandos, los paneles de control se utilizan como una herramienta de monitoreo en tiempo real. Los datos se actualizan constantemente, lo que brinda a las organizaciones la oportunidad de realizar un seguimiento de su desempeño operativo en tiempo real de lo que está sucediendo en el día con día.

Un **cuadro de mando** (scorecard) es un medio utilizado para alinear la evolución de la estrategia con los objetivos, por lo general planteados a mediano y largo plazo. Es excelente para evaluar la evolución del desempeño en función de la estrategia (a lo cual se le denomina Indicador Clave de Negocio, o por KPI por sus iniciales en inglés), e incluso en ocasiones para identificar si fuera necesario replantear la estrategia. Es muy común que se use la semaforización de los gráficos o tablas mostrados de forma contextual, de manera que, si el desempeño es equivalente o superior a la estrategia, el nivel actual se muestra en verde; en caso de que los resultados actuales sean ligeramente por debajo de los esperados se muestra en amarillo o naranja y ante resultados malos en rojo.

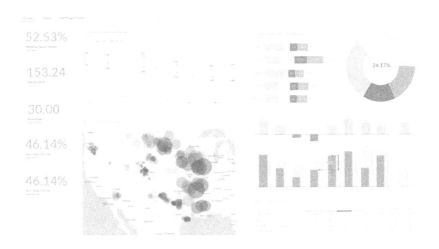

Figura 3.10 - Ejemplo de Panel de Control en SAP Analytics Cloud

Tradicionalmente, los cuadros de mando han presentado una vista más estática de una organización en un momento dado, en lugar de una perspectiva dinámica para monitorear el progreso organizacional, sin permitir un análisis en tiempo real o niveles de detalle de visualización debido a los retos que implicaba en el pasado la integración a nivel corporativo de todos los silos de información.

En pocas palabras, tradicionalmente un panel de control es mejor para administrar operaciones y un cuadro de mando es mejor para administrar estrategias. Conforme al avance de las tecnologías y un manejo más eficiente de grandes cantidades de datos, cada vez más existen herramientas que permiten borrar más la línea entre ellos con indicadores que integran las virtudes de ambos, los cuales se pudieran denominar "paneles de control estratégicos" o "cuadros de mando operativos".

Un panel de control estratégico puede formar parte de un conjunto pequeño y conciso de medidas que representan la estrategia de la organización en su conjunto. Podría crear una vista simple de una página de estas medidas estratégicas clave, mientras mantiene la capacidad de profundizar y analizar los resultados.

Un cuadro de mando operativo ofrecería objetivos tácticos (a corto plazo) en lugar de objetivos estratégicos (a largo plazo), para aplicar en situaciones o proyectos particulares, que pudiera gestionar varios proyectos realizados al mismo tiempo. Básicamente se podría decir que es un cuadro de mando, pero con un enfoque más a corto plazo. [Jackson, 2020; Liberty, 2018]

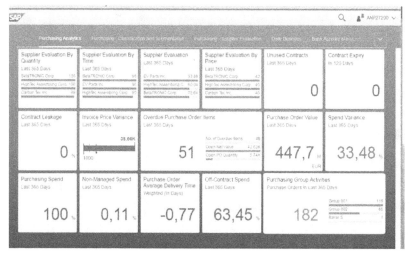

Figura 3.11 - Tablero de Compras con diferentes Cuadros de Mando en S/4 HANA

Creación del análisis gráfico: del técnico al usuario final
Con anterioridad, la creación o modificación de cualquier gráfico en una herramienta de Inteligencia de Negocios (BI) requería de la intervención de un especialista técnico en la materia. Como ha sucedido con muchas otras aplicaciones, el acceso al diseño en estas plataformas se ha hecho más fácil y eficiente, teniendo funcionalidades que permiten a cualquier usuario final desarrollar sus propios gráficos sin ningún conocimiento técnico, pudiendo analizar al vuelo sus propias perspectivas (denominados *Análisis de Cubos*). Algunos ejemplos son Tableau, Power BI, Qlik Sense o SAP Analytics Cloud.

La necesidad de análisis de datos masivos: Big Data
Big data (también traducidos como "macrodatos") se refiere a conjuntos de datos muy grandes y complejos que presentan diversas características o retos, representados por las denominadas 4 V's: **Volumen** (grandes volúmenes de datos), **Velocidad, Variedad** y **Veracidad** de los datos (hay autores que incluyen también **Valor** de los datos como una "V" adicional). Cabe recalcar que se dice que se han generado 80% de los datos actuales en el mundo tan solo en los últimos 2 años, lo cual es algo que se sigue dando de manera exponencial.

Este tipo de conjuntos de datos son muy difíciles de manejar por las herramientas de procesamiento de datos tradicionales y, por ello, existen nuevas tecnologías que permiten procesar los datos de manera mucho más eficiente.

Figura 3.12 - Ejemplo de Análisis de Cubos en SAP Analytics
Cloud

¿Qué tan difícil es gestionar y analizar la operación en una organización?

Una empresa llega a procesar muchas transacciones diarias, quizás cientos, miles, millones o más dependiendo del tamaño de la misma. Tomemos como analogía una carrera de Fórmula 1, la cual es un evento que dura aproximadamente hora y media.

En promedio, un auto de F1 lleva entre 150 y 300 sensores. Cada escudería cuenta con dos autos en la carrera, por lo que entre los dos se generan 13 mil millones de datos durante la misma. Suponiendo que esos datos fueran personas, eso es casi el doble de la población mundial. Teniendo en cuenta esa referencia de datos que se llegan a dar en un evento de hora y media, en perspectiva todo lo relevante que puede ser medible en una organización a lo largo de un año puede ser un dato mucho mayor.

Las plataformas de procesamiento de datos tradicionales alojan los datos para su procesamiento en el disco duro para luego ser procesadas en memoria RAM, mientras ciertas plataformas especializadas en el manejo disruptivo de Big Data alojan los datos directamente en RAM, lo cual permite hacer preguntas y obtener su respuesta en 100 milisegundos (1/10 de segundo). Este nivel de respuesta permite que la velocidad de análisis llegue a ser más de 10,000 veces más rápido que algunas plataformas convencionales, lo que equivaldría a caminar de Lima, Perú a Cancún, México en 6 minutos, permitiendo la consolidación de enormes volúmenes de datos de manera eficiente, facilitando la realización de análisis predictivo y la aplicación de algoritmos de Inteligencia Artificial dentro de los sistemas administrativos y en las herramientas de Inteligencia de Negocios. Un ejemplo de este tipo de herramientas de procesamiento de Big Data es SAP HANA.

3.5.- De la información operacional a la información experiencial

Originalmente, las organizaciones se enfocaban en el registro y análisis de los **datos operacionales** (denominados en inglés "O-Data"). Ventas, entregas, facturación o pagos son algunos ejemplos de la operación común que se llega a dar en cualquier empresa.

Sin embargo, se comenzó a detectar que algunos estudios minoristas aseguran que el 70% de las decisiones de compra se basan en la experiencia, por lo que comenzó a prestarse a captar los **datos experienciales** (denominados en inglés "**X-Data**"), que son en realidad los que te contestan las causas de fondo de las futuras elecciones del cliente o el "por qué", y muy probablemente puedan pronosticar su fidelidad. No es lo mismo tener un registro del número y monto de las devoluciones en una organización para determinado periodo (O-Data) que las razones que ocasionan dicha devolución (retraso en la respuesta, mala atención de un ejecutivo, deficiencias de calidad del producto o servicio u otro, que constituyen la X-Data).

Cuando un cliente sale de un centro comercial, no sabemos si tuvo una buena experiencia o no. Los medios convencionales para medir la experiencia se limitaban en la aplicación de encuestas de satisfacción, sin embargo, hoy en día principalmente el e-Commerce y el retail se llegan a apalancar en otro tipo de métodos basados en tecnología, como el número de clics que un cliente da o el tiempo que pasa en una página web o en una tienda física en el reconocimiento facial para analizar y perfilar al cliente, evaluando sus compras promedio o mediante de mapas de calor para reconocer el tráfico y desplazamiento en diferentes partes de una tienda.

Es un punto de inflexión considerar que algunas estadísticas demuestran que 80% de los directivos creen que están brindando una experiencia superior al cliente, mientras que tan solo 8% de los clientes coinciden con ellos.

Minicaso: El precio de no guardar un secreto

En 2010, Facebook lanza Open Graph, una forma en la que desarrolladores de aplicaciones puedan ver datos de usuarios de Facebook. En 2013 una aplicación llamada "thisisyourdigitallife" inscribe a 300,000 usuarios de Facebook, pero también obtiene información de los contactos de sus suscriptores. Reportes indican que la empresa pudo haber obtenido datos de millones de usuarios sin su consentimiento. En 2014 Facebook cambia las reglas para que el consentimiento sea necesario, pero no lo hace retroactivo. Se presume que Cambridge Analytica, una empresa de consultoría política uso esos datos para dirigir campañas publicitarias en las elecciones de los Estados Unidos. El escándalo se hace público en 2018. Luego de una investigación de casi un año, Facebook acuerda pagar una multa de 5 mil millones de dólares (sin aceptar culpa alguna). [Meredith, 2018; Davies & Rushe, 2019]

3.6.- La ética y las regulaciones en el manejo de datos

El humano es un ser de hábitos, por lo cual, si se observa detenidamente su comportamiento pasado, es posible entender sus gustos y proyectar sus comportamientos. El internet, las computadoras, los dispositivos móviles, los *wearables* (como los relojes inteligentes) y cada vez más herramientas tecnológicas registran y procesan la huella de sus acciones para ayudarlo a brindarle recomendaciones de aplicaciones, lecturas, rutinas, películas, videos y música, entre muchas cosas más. A la vez, esto lo hace más fácil de explotar y vulnerable ante anunciantes y demás proveedores. Dado que la información en la actualidad se ha convertido en el bien más valioso por encima de lo que tradicionalmente se consideraba el petróleo, esto ha conllevado a un dilema ético en el adecuado manejo de los datos. En los casos más severos, incluso ha ocasionado múltiples escándalos y denuncias, como el de Facebook por haber compartido de manera inapropiada los datos de 87 millones de usuarios con la consultora Cambridge Analytica, lo cual le implicó una multa récord de 5 mil millones de dólares. [BBC News Mundo, 2019]

Por ello, existe cada vez más un endurecimiento y regulaciones en materia de privacidad y protección de datos dentro de las organizaciones, en las relaciones con clientes y proveedores (incluyendo a los despachos de auditoría) y evidentemente en internet.

Por otra parte, escándalos que se dieron alrededor del año 2000 en materia de la valorización de empresas que cotizan en bolsa en conjunto (incluyendo a uno de los principales despachos de consultoría de la época, llamado Arthur Andersen) provocaron que en Estados Unidos se desarrollara la **Ley Sarbanes Oxley (SOX)**, a la cual se tiene que apegar la información financiera de cualquier organización con operaciones en dicho país, que reporta allá o que cotiza en la bolsa de valores de Nueva York. Esta ley ha reglamentado en Estados Unidos diversos controles para mejorar la calidad de la información financiera, teniendo como base las normas de contabilidad, control interno, gobierno corporativo, independencia de las auditorías y el aumento de las sanciones por delitos financieros, permitiendo entre otras cosas identificar y evaluar el impacto de los riesgos claves de la información financiera en las organizaciones.

3.7.- Resumen

- Desde un punto de vista funcional, un sistema de inteligencia de negocios se integra por tres componentes principales: el subsistema de datos, el subsistema de análisis y el usuario.
- El subsistema de datos es el encargado de recopilar, limpiar y almacenar la información necesaria para las decisiones. La información puede provenir de fuentes internas a la empresa o externas.
- Existen 4 tipos de datos erróneos: los datos duplicados, la información faltante, la información inexacta y la información incorrecta.
- El subsistema de análisis consiste de los modelos matemáticos, herramientas y programas de cómputo que permiten manipular los datos para identificar tendencias, estadísticas o formas de presentar la información al tomador de decisiones.
- Las herramientas de análisis de información pueden basarse en información total (población) o en muestras representativas aleatorias (no sesgadas)
- Las herramientas de Inteligencia de Negocios pueden tener tres principales perspectivas analíticas: descriptiva, predictiva y prescriptiva.
- Un panel de control (dashboard) concentra múltiples informes que brindan un acceso fácil a varios conjuntos de datos simultáneamente. Se utilizan como una herramienta de monitoreo en tiempo real.
- Un cuadro de mando (scorecard) es un medio utilizado para alinear la evolución de la estrategia con los objetivos. Tradicionalmente, presentan una vista más estática de una organización en un momento dado.
- Big data (también traducidos como "macrodatos") se refiere a conjuntos de datos muy grandes y complejos que presentan diversas características o retos, representados por las denominadas 4 V's: Volumen (grandes volúmenes de datos), Velocidad, Variedad y

Veracidad de los datos (hay autores que incluyen también Valor de los datos como una "V" adicional).

- Existe cada vez más un endurecimiento y regulaciones en materia de privacidad y protección de datos dentro de las organizaciones, en las relaciones con clientes y proveedores.
- La Ley Sarbanes Oxley (SOX), obligatoria para la información financiera de cualquier organización con operaciones en EEUU, reglamenta diversos controles para mejorar la calidad de la información financiera

3.8.- Ejercicios de repaso

Preguntas

1. ¿Qué impacto tiene la información errónea en las empresas?
2. ¿En cuánto se estima el costo de la información errónea?
3. ¿Cuáles son los cuatro tipos de datos erróneos?
4. ¿Cuál es la diferencia entre población y muestra?
5. ¿Qué características debe tener una muestra para que represente en forma válida a la población completa?
6. Menciona algunas herramientas para el análisis de datos
7. ¿Cuál es la diferencia entre analítica descriptiva, predictiva y prescriptiva?
8. ¿Cuál es la diferencia entre un dashboard y un scorecard?
9. ¿Qué es big data?
10. ¿Cuáles son las cuatro (o cinco) V´s de big data?
11. ¿De dónde surge y para qué sirve la Ley Sarbanes Oxley (SOX), en EEUU?

Ejercicios

1. Investiga alguna herramienta para análisis de datos, checa la página de Internet de la herramienta. Reporta qué hace, para qué se utiliza, algunos usuarios reales de la herramienta y quién la produce.
2. Investiga algunas aplicaciones de Big Data en la industria.

Módulo II

Valuación y Priorización de Proyectos de Inteligencia de Negocios

Capítulo 4

Análisis de Costos y Beneficios de un Proyecto Tecnológico

Recuerde que el tiempo es dinero. El que pueda ganar diez chelines al día con su trabajo y se vaya al extranjero o se quede inactivo la mitad de ese día, aunque gaste sólo seis peniques durante su distracción o inactividad, no debe considerar que es el único gasto; además, ha gastado, o más bien tirado, cinco chelines.

Recuerde que el crédito es dinero. Si un hombre deja su dinero en mis manos después de su vencimiento, me da el Interés, o tanto como yo pueda hacer con él durante ese tiempo. Esto equivale a una suma considerable cuando un hombre tiene un crédito bueno y grande y hace un buen uso de él."

Benjamín Franklin, "Advice to a young tradesman, written by an old one", 1748.

4.1.- Objetivos de aprendizaje
- Identificar los costos y beneficios de un proyecto
- Distinguir entre costos y beneficios tangibles e intangibles
- Entender qué son los costos y beneficios marginales
- Identificar maneras de presentar la información de costos y beneficios de un proyecto tecnológico

4.2.- ¿Cómo determinar si una propuesta representa un buen proyecto o un mal proyecto?

Una empresa de tecnología propone instalar un nuevo sistema de administración de la relación con clientes para una compañía de seguros. La empresa debe invertir en el software, y en construir las interfaces entre el nuevo sistema y el ERP que ya está instalado. Adicionalmente, debe comprar equipo de cómputo nuevo pues el que tiene no sería suficientemente poderoso para operar el sistema propuesto. También necesita entrenar a toda su fuerza de ventas en el uso del nuevo sistema.

La decisión de aprobar, o no, un proyecto, depende de muchos factores. No se basa solamente en el costo del software. Aunque si el proyecto resultara tan caro que no estuviera al alcance de la empresa, no hay otra decisión que rechazarlo y buscar una solución más acorde a las posibilidades del negocio.

Suponiendo que la empresa tuviera el dinero para pagar por el proyecto, la siguiente pregunta es: ¿qué beneficios aporta? Y ¿qué tan complicado es que el proyecto funcione? Un proyecto que cuesta caro y no produce beneficios es fácil de rechazar. Del mismo modo, proyectos que no funcionarían también se rechazan rápidamente.

Analizar si un proyecto es conveniente para una organización requiere calcular sus costos (tanto tangibles como intangibles) y sus beneficios (tangibles e intangibles), además del riesgo que implica su implementación. Esto se debe hacer por un período equivalente a la vida útil del proyecto (por lo que si el proyecto se espera sirva por cinco años, se deben calcular los costos y beneficios durante todo ese período). Con esta información es más sencillo decidir si el nuevo sistema se debe aprobar, o no.

4.3.- Costos de un proyecto

El costo de un proyecto implica tanto las erogaciones directas de dinero para pagar por algo, como las pérdidas por dejar de ganar algo por hacer el proyecto. Entre los gastos directos se pueden identificar los costos de arranque (para comprar el equipo y software) y costos de operación (para operarlo durante su vida útil). También existen los costos indirectos, que son costos, o pérdidas incurridas por no hacer algo que normalmente se haría en lugar estar trabajando en el proyecto. Si un vendedor debe asistir a un curso de capacitación de un día, el costo de esa capacitación no solo es el sueldo del vendedor por ese día, sino también lo que dejó de vender por asistir al curso.

Algunos ejemplos de costos a considerar son:

- Costos de arranque del proyecto:
  - Hardware
  - Software
  - Consultoría
  - Conversión de datos del sistema anterior al nuevo
  - Costo de cursos de capacitación

- Costos de operación del proyecto:
  - Mantenimiento del hardware
  - Mantenimiento del software
  - Comunicaciones y costos de operación
  - Personal adicional necesario para operar el proyecto

- Costos indirectos:
  - Costo del personal que participa en cursos de capacitación
  - Otras pérdidas que se pueden atribuir a un proyecto
    - Tiempo que el centro de cómputo debe estar fuera de servicio mientras se instala el nuevo equipo
    - Ventas no realizadas por el personal de ventas mientras está en los cursos de capacitación en lugar de estar vendiendo
    - Problemas en la operación mientras el personal se aclimata al nuevo sistema

---

Minicaso: Costos ocultos

El automóvil es un símbolo de libertad. No hay nada como saber que uno puede subir al auto y viajar a cualquier parte en cualquier momento. Sin embargo, en algunas ciudades, la gente, incluso con mucho dinero, opta por no tener un coche. El argumento para usar taxis en ciertas ciudades es que el costo de una cochera puede ser mayor que el del mismo automóvil.

Cuando se compra un auto, los gastos mensuales suben. No solo hay que pagar por el vehículo, también hay que pagar por las placas e impuestos, el mantenimiento, la gasolina, los seguros e incluso por un espacio para estacionarlo. Si solo planeo usar el auto por 20 minutos al día para ir y venir del trabajo, ¿será conveniente tener un auto o resulta mejor usar taxis? ¿En qué ciudades es conveniente tener un auto?

4.4.- Beneficios de un proyecto

Al igual que los costos, los beneficios pueden provenir de ingresos (como una venta) o ahorros (como el reducir los gastos de viaje al poder hacer negocios por Internet). Aunque hay algunos beneficios que pueden identificarse inmediatamente al iniciar un proyecto, la mayoría de los beneficios se ven reflejados durante la vida útil del proyecto. Algunos ejemplos de beneficios de un proyecto podrían ser:

- Beneficios al arranque de un proyecto
    o Ahorros al cerrar un centro de cómputo obsoleto
    o Reducción en costos de mantenimiento del equipo (por usar ahora equipo nuevo)

- Beneficios durante la vida útil del proyecto
    o Incremento en ventas
    o Reducción en costos de operación de la empresa
    o Reducción en gastos de viaje
    o Reducción en la planta laboral

4.5.- Costos y beneficios intangibles

Algunas veces, un proyecto proporciona ciertos beneficios que no son cuantificables de manera inmediata. Por ejemplo, un nuevo sistema puede hacer que la empresa tenga una imagen de modernidad, o puede hacer que los empleados se sientan más contentos por usar alta tecnología. Del mismo modo, un nuevo sistema puede provocar inconformidad en la gente que ya conoce el sistema anterior y prefiere no arriesgarse a probar un nuevo modelo.

Los costos y beneficios intangibles no se pueden cuantificar (ponerle precio en pesos y centavos) pero se deben mencionar para ser tomados en cuenta al momento de decidir si aprobar, o no, un proyecto. En organizaciones sociales o en gobierno, donde el principal indicador de éxito no es cuánto dinero se gana, algunos proyectos se pueden justificar por el valor a la sociedad o por la imagen que brindan.

En situaciones normales, un proyecto se justifica en términos de sus costos y beneficios tangibles. Los costos y beneficios intangibles sirven como la "decoración en el pastel". Si se tiene que acudir a los beneficios intangibles para justificar todos los proyectos de una organización, eventualmente la empresa dejará de ser rentable y cerrará. No sirve de nada tener la mejor imagen pública o los empleados más felices, si la empresa tiene que cerrar por ser incosteable.

Hay algunos beneficios intangibles que proporcionan beneficios a largo plazo. El tener mejores decisiones puede eventualmente producir mayores ingresos, aunque es difícil atribuir un ingreso a cierta decisión. Los sistemas de procesamiento de transacciones que mejoran procesos o eliminan mano de obra son más fáciles de justificar en términos de beneficios tangibles que los sistemas de administración y los de soporte de decisiones [Laudon & Laudon, 2020].

> **Minicaso: Mejoras al Registro Civil**
>
> En México, todos algún día tienen que utilizar los servicios del Registro Civil. Uno de los servicios más requeridos es solicitar copias de actas de nacimiento. El proceso normalmente toma dos días, el usuario acude a la oficina a pedir un acta, paga por el servicio, el acta se prepara esa tarde y el usuario puede recoger el documento al día siguiente. Un sistema para agilizar el proceso y que las actas se puedan emitir al momento de ser solicitadas (requiriendo entonces solo una vuelta por parte del del usuario) requeriría una inversión importante en equipo, captura de datos y software. Ser más eficientes no aumentaría el número de actas que las personas solicitan ni reduce el costo del personal en las oficialías que emiten las actas. El beneficio es que la gente requeriría de solo una vuelta para conseguir su documento y se genera una imagen de modernidad y atención al cliente por parte del gobierno. ¿Es justificable invertir en modernizar al Registro Civil?

4.6.- Costos y beneficios marginales

Si un sistema ayuda a vender $1,200,000 dólares en productos, pero con el sistema actual la empresa ya vende $1,000,000 dólares, entonces el nuevo sistema solo proporciona un beneficio de $200,000 dólares en ventas adicionales. Si la empresa decide no implementar el proyecto, ya tiene ventas de un millón de dólares. El beneficio marginal es el beneficio adicional a lo que ya se tiene. En este caso, al calcular los beneficios por ventas del proyecto, este solo aporta $200,000, y no $1,200,000

Del mismo modo, si la empresa ya cuenta con una computadora o paga renta por una oficina y el nuevo sistema ocupa el mismo equipo (si no hay que comprar equipo adicional) y no requiere espacio adicional, el costo de equipo y renta de oficina del proyecto es cero, pues la empresa, si decidiera no aprobar el proyecto, como quiera tendría que erogar esas cantidades.

Por otra parte, si el software puede correr en el equipo actual, pero este necesita una expansión de memoria de $100,000, el costo de equipo para el proyecto no es el costo de la computadora que ya se tiene, sino solo los cien mil adicionales que habría que desembolsar para que operara el software.

Los costos marginales son aquellos costos adicionales a los que ya se tienen que son requeridos para realizar un proyecto. Un proyecto se analiza únicamente en términos de sus costos y beneficios marginales.

4.7.- Tabulando flujos de efectivo de proyectos tecnológicos

Una forma relativamente fácil de entender para presentar los costos y beneficios de un proyecto es usando una tabla de tiempo para presentar flujos de efectivo (entradas y salidas de dinero). Se puede dividir la vida útil de un proyecto en años, trimestres o meses (dependiendo del alcance esperado). Se colocan los nombres de los costos a tabular en la columna izquierda, y los períodos en el renglón superior. En cada celda se coloca el gasto incurrido o beneficio recibido por cada rubro en cada período.

Puede haber renglones con subtotales de costos incurridos y beneficios recibidos. El último renglón lista el flujo de cada período que se obtiene restando a los beneficios los costos.

	1	2	3	4	5	6	7	8	9	10	
Costos marginales											
remodelación	30000	10000									
equipamiento	10000	30000									
requisitos legales	10000										
operación	5000	5000	2000	2000	2000	2000	2000	2000	2000	2000	
total costos	55000	45000	2000	2000	2000	2000	2000	2000	2000	2000	116000
Beneficios marginales											
ventas	0	8000	20000	20000	20000	20000	20000	20000	20000	20000	
viáticos	0	0	1500	3000	3000	3000	3000	3000	3000	3000	
total beneficios	0	8000	21500	23000	23000	23000	23000	23000	23000	23000	190500
flujo neto	-55000	-37000	19500	21000	21000	21000	21000	21000	21000	21000	
flujo acumuado	-55000	-92000	-72500	-51500	-30500	-9500	11500	32500	53500	74500	74500

Figura 4.1 – Tabla de flujos de efectivo de un proyecto

4.8.- Hasta qué nivel de detalle es necesario llegar al calcular costos y beneficios de un proyecto

En la mayoría de los casos, si un proyecto es rentable, o no, se puede determinar con solo analizar los renglones más significativos de costos y beneficios. Es común que el costo de hardware, software, mantenimiento y consultoría represente un porcentaje significativo del total. Claro que el proyecto quizá requiera de tinta de impresora, papel, y electricidad, pero esos costos generalmente son tan pequeños que el agregarlos, o no, a una tabla de análisis tendrá poco efecto en la decisión final.

Del mismo modo, los beneficios a considerar generalmente son solo los renglones más significativos. En un proyecto típico, incrementos en ventas, ahorros de personal y reducción en costos de mantenimiento representarían el grueso de los beneficios a obtener.

Por consiguiente, una tabla con diez a doce renglones entre costos y beneficios de un proyecto puede ser suficiente para saber si un proyecto es rentable, o no. Excepto para casos muy especiales donde el detalle es crítico, el tiempo y costo que implicaría obtener detalles estimados de cada elemento de costo y cada punto de beneficio esperado generalmente no se justifica en términos de decisiones más acertadas.

4.9.- Resumen

- Analizar si un proyecto es conveniente para una organización requiere calcular sus costos (tanto tangibles como intangibles) y sus beneficios (tangibles e intangibles), además del riesgo que implica su implementación.
- El costo de un proyecto implica tanto las erogaciones directas de dinero para pagar por algo, como las pérdidas por dejar de ganar algo por hacer el proyecto.
- Al igual que los costos, los beneficios pueden provenir de ingresos (como una venta) o ahorros (como el reducir los gastos de viaje al poder hacer negocios por Internet).
- Los costos y beneficios intangibles no se pueden cuantificar (ponerle precio en pesos y centavos) pero se deben mencionar para ser tomados en cuenta al momento de decidir si aprobar, o no, un proyecto.
- En situaciones normales, un proyecto se justifica en términos de sus costos y beneficios tangibles. Si se tiene que acudir a los beneficios intangibles para justificar todos los proyectos de una organización, eventualmente la empresa dejará de ser rentable y cerrará.
- Los costos marginales son aquellos costos adicionales a los que ya se tienen que son requeridos para realizar un proyecto. Un proyecto se analiza únicamente en términos de sus costos y beneficios marginales.

4.10.- Ejercicios de repaso

Preguntas

1. ¿Qué es un beneficio tangible?
2. ¿Qué es un costo tangible?
3. ¿Por qué los ahorros en gastos se consideran beneficios?
4. ¿Qué son los beneficios intangibles?
5. ¿Que son los costos y beneficios marginales?
6. ¿Por qué al analizar la rentabilidad de un proyecto se utilizan únicamente los costos y beneficios marginales?

Ejercicios

1. Identifica los costos y beneficios de contar con un cajero automático en un banco
2. Identifica los costos y beneficios más significativos para una tienda de deportes de abrir una página de Internet para vender ahí sus productos
3. Busca un proyecto que no sea rentable y explica por qué no lo es.
4. Identifica un proyecto con más costos que beneficios y que aun así se haya implementado. ¿Por qué se implementó?
5. Lista algunos beneficios tangibles de usar un ERP en una empresa
6. Lista algunos costos tangibles de implementar un sistema de CRM en una organización

Capítulo 5

Análisis Cuantitativo de Proyectos

*"Son sus padres principales
Y es de nobles descendiente,
Porque en las venas de Oriente
Todas las sangres son reales;
Y pues es quien hace iguales
Al duque y al ganadero,
Poderoso caballero
Es don dinero."*

Francisco de Quevedo y Villegas, "Poderoso Caballero Es Don Dinero" 1603

5.1.- Objetivos de aprendizaje

- Conocer el concepto del valor del dinero en el tiempo
- Poder identificar y analizar flujos de efectivo
- Conocer cómo calcular el valor futuro (FV)
- Conocer cómo calcular el valor presente (PV)
- Entender el concepto de tasa mínima aceptable de rendimiento (TMAR)
- Saber calcular el valor Presente neto de una inversión
- Saber cómo se estima la tasa interna de rendimiento de un proyecto de inversión
- Poder interpretar los resultados de evaluaciones de inversiones

5.2.- El valor del dinero en el tiempo

El dinero, si se invierte sabiamente, produce un interés. Si deposito cien pesos en el banco, en una cuenta que paga una tasa del 10% anual, al final de un año tendré ciento diez pesos. Si mi negocio es vender fruta, y cien pesos de fruta me producen una ganancia de quince pesos, entonces el rendimiento de mi negocio de frutas es de 15%.

Por lo tanto, no es lo mismo cien pesos hoy, que cien pesos dentro de un año. Si alguien me paga cien pesos hoy, lo puedo invertir (en el banco o en mi negocio de frutas) y tener, dentro de un año, más de los cien pesos con los que inicié. Si un proyecto me paga cien pesos hoy y otro me ofrece cien pesos dentro de un año, el que me paga cien pesos hoy sería un mejor negocio. Ciento diez pesos en un año sería equivalente a cien pesos hoy (considerando que los puedo invertir en una cuenta que pague el 10% anual). Si tengo que comparar un negocio que me ofrece recibir cien pesos hoy contra otro que me ofrece ciento veinte pesos en un año, y mis opciones son invertir el dinero al 10% anual, entonces, 120 pesos en un año es mejor que 100 pesos hoy.

Como decía Benjamín Franklin en 1748, "Si un hombre deja su dinero en mis manos después de su vencimiento, me da el Interés, o tanto como yo pueda hacer con él durante ese tiempo". [Franklin, 1748]

El dinero, a precio de hoy, se le conoce como dinero a valor presente. El dinero en el precio que tendrá en algún punto en el futuro se le conoce como valor futuro. Considerando una tasa de rendimiento (o interés) del 10% anual, el valor futuro de cien pesos a un año es ciento diez pesos. Del mismo modo, el valor presente de ciento diez pesos en un año, al mismo interés, equivale a cien pesos a valor presente.

5.3.- Flujos de efectivo

Otro de los conceptos importantes es la idea de los flujos de efectivo. El dinero puede entrar a la empresa o salir de la empresa. Un monto de dinero que entra se representa con un signo diferente que el dinero que sale de la organización.

De esta forma, una inversión en una cuenta de banco tiene un flujo positivo (cuando entra el dinero a la cuenta) y un flujo negativo (cuando se saca el dinero). Esto se puede representar en una recta de tiempo, como lo muestra la figura 5.1. La variable i representa la tasa de interés a pagar por período (en este caso 10%) n es el número de períodos a invertir (un solo período) el flujo de entrada es el monto del depósito inicial (lo que representa el valor presente de la inversión p) el monto del flujo de salida (a la derecha) representa el valor futuro de la inversión luego de un año (f). Nótese que el monto que sale de la cuenta es superior al que entra pues incluye los intereses generados por la inversión.

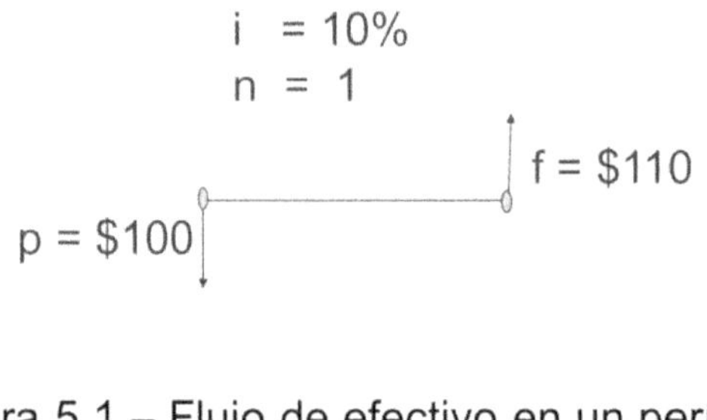

$$i = 10\%$$
$$n = 1$$

$$f = \$110$$

$$p = \$100$$

Figura 5.1 – Flujo de efectivo en un período

Si deposito cien pesos por tres años en una cuenta que genera un 10% de interés anual, ¿cuánto dinero tendré al final del tercer año? Esto se representa gráficamente con la figura 5.2

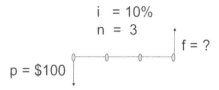

Figura 5.2 – Flujo de efectivo en tres períodos

El cálculo del resultado se complica un poco cuando se incluyen varios períodos, porque el interés recibido por el dinero el primer período también se puede invertir y generar más interés. Por lo tanto, el saldo final de 100 pesos a tres años al 10% anual no es 130. Es 130 más el interés generado por esos intereses. La tabla 5.1 muestra el cálculo del interés en un período de 3 años.

Si la cuenta inicia con 100 pesos y recibe el primer año 10 pesos de interés, al final de primer año se tendrían 110 pesos. El segundo año se inicia con 110 pesos y el 10% de esa cantidad es 11 pesos, por lo que al final del segundo año se tendrían 121 pesos. Si el tercer año inicia con 121 pesos, el interés ese año es de 12.1 pesos, por lo que el saldo de la cuenta al final del tercer año sería de 133.1 pesos. Por lo tanto, el saldo final de 100 pesos al 10% anual por 3 años es 133.1 pesos.

Tabla 5.1 – Cálculo de intereses en un período de tres años

Saldo inicial	Interés	Saldo final
100	10	110
110	11	121
121	12.1	133.1

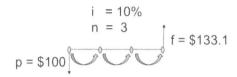

$$i = 10\%$$
$$n = 3$$
$$f = \$133.1$$
$$p = \$100$$

Figura 5.3 – Valor futuro a tres años

5.4.- Calculando el valor futuro y el valor presente del dinero
Valor futuro
Al calcular el valor futuro del dinero, es necesario conocer el monto actual del dinero (valor presente) la tasa de interés que se paga por período (interés) y el número de períodos que se tendrá en cuenta. Como se indica en la sección anterior, cien pesos al 10% anual por un año equivale a ciento diez pesos. Entonces, el valor futuro de 100 pesos al 10% anual por un año es 110.

La fórmula para calcular el valor futuro es [Baca Urbina, 2015]:

$$F = P(1 + i)^n$$

Donde:

F = valor futuro de la inversión en el período n

P = valor presente

i = tasa de interés por período

n = número de períodos

Siguiendo con el ejemplo de la sección anterior, para calcular el valor futuro de 100 pesos l 10% anual por tres años se usaría la fórmula con los siguientes valores:

P = 100

i = 10% (en términos numéricos 10% es 0.1)

n = 3

La fórmula queda:

$$F = 100 (1 + 0.1)^3$$

El resultado es 133.1 (que es la misma cantidad que resulta al calcular los intereses en la tabla). Por lo tanto, el valor futuro es de 133.1

Si la tasa de interés hubiera sido del 5% anual, habría que reemplazar i con 0.05 (nótese que 5% es 0.05 mientras 50% es 0.5) y el resultado hubiera sido F = 115.76

Algunos puntos de cuidado con las fórmulas:

Entre los errores más comunes al interpretar las fórmulas de valor futuro están errores al representar porcentajes en términos numéricos. 10% se representa como 0.10, 50% se representa como 0.50, 5% es 0.05, 1% es 0.01, mientras que 100% es 1.00

El segundo error más común es en la interpretación de los períodos. Si el banco ofrece una tasa de interés del 10% anual, pero estamos analizando períodos mensuales (por ejemplo, para responder a ¿cuál sería el saldo al final de seis meses?), suponiendo que el banco pagara intereses mensuales, el interés por mes no es del 10% es de 1/12 de esa cantidad, por lo que el interés mensual es de 0.833% (0.00833). Tanto los períodos, como las tasas de interés, deben estar en la misma escala.

Valor presente
Si se quiere comparar diferentes ofertas, cada una con una fecha de entrega distinta, lo que hay que hacer es calcular a cuánto equivalen a valor presente (o precio de hoy) y decidir cuál es la que está dejando mayor ganancia. Por ejemplo, si alguien ofrece 100 pesos hoy o 120 pesos dentro de un año, lo que hay que hacer es calcular el valor presente de ambas opciones y decidir cuál es mejor.

Al igual que con el valor futuro, para calcular el valor presente se necesita conocer la tasa de interés esperada por período, y el número de períodos. Despejando P de la fórmula de valor futuro definida en la sección anterior se obtiene que la fórmula para calcular el valor presente de un monto de dinero en cierto período es [Baca Urbina, 2015]:

$$P = \frac{F}{(1 + i)^n}$$

Donde:

P = valor presente

F = valor futuro de la inversión en el período n

i = tasa de interés por período

n = número de períodos

El valor presente de 100 pesos hoy es 100 pesos. Pero el valor presente (al día de hoy) de 120 pesos en un año es:

$$P = \frac{120}{(1 + 0.1)^1} = 109.09$$

Por lo tanto, la oferta de 120 pesos en un año es equivalente a 109.09 pesos hoy. Eso es mejor que 100 pesos hoy, por lo que la segunda opción sería más conveniente.

Si la oferta hubiera sido 120 pesos en dos años, el valor presente resultante hubiera sido 99.17 (usando la misma fórmula, pero con n=2), lo que hubiera resultado no conveniente.

Usando Excel para calcular el valor del dinero en el tiempo
Excel cuenta con algunas funciones que toman datos y regresan el resultado de aplicar la función sobre los datos proporcionados. Algunas de las funciones más básicas son suma, promedio, contar, etc.

Todas las funciones tienen un formato común: el signo igual seguido del nombre de la función seguido de la entrada entre paréntesis.

La entrada para una función puede ser:

- Un conjunto de números - por ejemplo, =promedio(2, 3, 4, 5)

    - Esto le dice a Excel que calcule el promedio de estos números.

- Una referencia a la (s) celda (s) - por ejemplo, =promedio(B1:B8) ó =promedio(B1, B2, B3, B4, B5, B6, B7, B8)

    - Esto le indica a Excel que calcule el promedio de los datos que aparecen en todas las celdas desde B1 hasta B8.

    - Puede escribir estas referencias de celda a mano o haciendo clic y arrastrando con el mouse para seleccionar las celdas.

Ejemplos de algunas funciones son:

- =Suma(num1, num2...) - La suma de un grupo de datos

- =Promedio(num1, num2,...) - el promedio de esos datos

- =Contar(val1, val2, ...) - el número de celdas en un grupo que contienen números

- =Contar.si(rango, criterio) - el número de celdas en un grupo que cumple con la condición listada en el criterio

Si cuenta con la versión de Excel en inglés, las funciones tendrían el mismo formato y se llamarían Sum, Average, Count, y Countif.

Usando Excel para calcular el valor futuro
La función que se utiliza para calcular el valor futuro de una cantidad es VF, por Valor Futuro (o FV por Future Value si usa la versión en inglés). La fórmula tiene el siguiente formato [Microsoft, 2021-1]:

VF(tasa,núm_per,pago,[va],[tipo])

La sintaxis de la función VF tiene los siguientes argumentos:

- **Tasa**   Obligatorio. Es la tasa de interés por período.
- **Núm_per**   Obligatorio. Es el número total de períodos de pago en una anualidad.
- **Pago**   Obligatorio. Es el pago que se efectúa cada período y que no puede cambiar durante la vigencia de la anualidad. Generalmente, el argumento pago incluye el capital y el interés, pero ningún otro arancel o impuesto. Si omite el argumento pago, deberá incluir el argumento va.
- **Va**   Opcional. El valor actual o el importe total de una serie de pagos futuros. Si omite el argumento va, se considerará 0 (cero) y se deberá incluir el argumento pago.
- **Tipo**   Opcional. Es el número 0 o 1; indica cuándo vencen los pagos. Si omite tipo, se considera que es 0.

La función VF calcula el valor futuro de una inversión a partir de una tasa de interés constante. La función, adicionalmente puede hacer los cálculos considerando pagos periódicos constantes o con una única suma fija.

Por ejemplo, para conocer el valor futuro de 100 al 10% de interés a 3 años la fórmula se escribiría así: =VF(10%, 3, 0, 100) indicando que el interés es del 10%, durante 3 períodos, sin depósitos adicionales, iniciando con 100 pesos.

Notará que el resultado es negativo, esto ocurre porque si el depósito a la cuenta es un número positivo, Excel asume que el valor futuro es el monto que se retiraría de la cuenta (por lo que tendría un signo diferente).

Usando Excel para calcular el valor presente (valor actual)
La función que se utiliza para calcular el valor presente de un número es VA, por Valor Actual (o PV por Present Value si usa la versión en inglés). La fórmula tiene el siguiente formato [Microsoft 2021-2]:

VA(tasa, nper, pago, [vf], [tipo])

La sintaxis de la función VA tiene los siguientes argumentos:

- **Tasa**   Obligatorio. Es la tasa de interés por período. Por ejemplo, si obtiene un préstamo para un automóvil con una tasa de interés anual del 10 por ciento y efectúa pagos mensuales, la tasa de interés mensual será del 10%/12 o 0,83%. En la fórmula escribiría 10%/12, 0,83% o 0,0083 como tasa.
- **Nper**   Obligatorio. Es el número total de períodos de pago en una anualidad. Por ejemplo, si obtiene un préstamo a cuatro años para comprar un automóvil y efectúa pagos mensuales, el préstamo tendrá 4*12 (o 48) períodos. La fórmula tendrá 48 como argumento nper.
- **Pago**   Obligatorio. Es el pago efectuado en cada período, que no puede variar durante la anualidad. Generalmente el argumento pago incluye el capital y el interés, pero no incluye ningún otro arancel o impuesto. Por ejemplo, los pagos mensuales sobre un préstamo de 10.000 $ a cuatro años con una tasa de interés del 12 por ciento para la compra de un automóvil, son de 263,33 $. En la fórmula escribiría -263,33 como argumento pago. Si omite el argumento pago, deberá incluirse el argumento vf.
- **Vf**   Opcional. Es el valor futuro o un saldo en efectivo que desea lograr después de efectuar el último pago. Si omite el argumento vf, se supone que el valor es 0 (por ejemplo, el valor futuro de un préstamo es 0). Si desea ahorrar 50.000 $ para pagar un proyecto especial en 18 años, 50.000 $ sería el valor futuro. De esta forma, es posible hacer una estimación conservadora a cierta tasa de interés y determinar la cantidad que deberá ahorrar cada mes. Si omite el argumento vf, deberá incluir el argumento pago.
- **Tipo**   Opcional. Es el número 0 o 1 e indica cuándo vencen los pagos.

La función VA calcula el valor presente (valor actual) de una inversión a partir de una tasa de interés constante. La función, adicionalmente puede hacer los cálculos considerando pagos periódicos constantes o con una única suma fija.

Por ejemplo, para conocer el valor presente de 120 recibido en el año 3 considerando el 10% de interés anual, la fórmula se escribiría así: =VA(10%, 3, 0, 120) indicando que el interés es del 10%, durante 3 períodos, sin depósitos adicionales.

5.5.- Tasa mínima aceptable de rendimiento (TMAR)

Al evaluar un proyecto de inversión, todo inversionista (persona, o empresa) tiene por objetivo el obtener un beneficio. El inversionista normalmente tiene una tasa de rendimiento base contra la cual comparar las oportunidades de inversión. Esta tasa de referencia se convierte en el punto de comparación entre inversiones. Si un proyecto no produce al menos una tasa de retorno igual o mayor a la base, el proyecto se rechaza.

Esta tasa base se llama Tasa Mínima Aceptable de Rendimiento (TMAR). Generalmente la TMAR es un rendimiento base que se obtendría por la inversión en condiciones normales, con mucha certeza y un mínimo de riesgo. Invertir en un documento en un banco, por ejemplo, puede considerarse un rendimiento base, ya que no lleva riesgo. Sin embargo, existen otras alternativas de inversión, con riesgos mínimos o aceptables en ciertas industrias, que se pueden usar como base de comparación. Si la empresa construye casas, por ejemplo, el dinero se puede invertir en construir casas para luego venderlas. En ese caso, la TMAR para ese tipo de negocio sería el rendimiento que trae el dinero invertido en un proyecto de construcción.

Muchas empresas ya conocen un número que consideran aceptable en su industria, en esos casos, es recomendable preguntar al área de finanzas cuál es la TMAR para proyectos en esa organización.

Si no se cuenta con un número, este se puede definir como el rendimiento de una inversión a plazo más una prima por el riesgo que implique el proyecto. Si un proyecto produce el mismo rendimiento que una inversión en el banco, sigue siendo más conveniente usar el banco pues eso no requiere trabajo ni implica riesgo. ¿Cuánto más que el banco debe pagar un proyecto para resultar conveniente? Eso depende del riesgo y esfuerzo necesarios para que el proyecto tenga éxito. Proyectos que requieren poco riesgo necesitan una prima o ganancia solamente un poco superior a la del banco, mientras que proyectos complicados, que impliquen mucho trabajo o riesgo, necesitan producir un rendimiento mucho mayor al banco para resultar atractivos.

5.6.- Valor presente neto (VPN)

Suponga que recibe una propuesta de inversión: Realizar una inversión inicial de $1,000 a cambio de recibir flujos de efectivo durante los próximos cinco años en las siguientes cantidades: año 1, $260; año 2, $350; año 3, $480; año 4, $325; y año 5, $275. Los flujos se muestran en la figura 5.4

Figura 5.4 – Flujos de efectivo en una propuesta de inversión

Para definir si esa inversión es atractiva, se necesita traer todos los flujos a valor presente e identificar si el monto recibido es equivalente, a precios actuales, al monto invertido. Es decir, se traen todos los fijos a valor presente, se suman y si la suma es positiva significa que los flujos son mayores que el valor futuro de la inversión, en cuyo caso la inversión sí sería conveniente. Si el resultado resulta negativo, significa que hacer ese proyecto provocaría pérdidas comparado con invertir el dinero a la tasa definida.

A la suma de valores presentes de todos los flujos de una inversión descontados a cierta tasa de interés se le conoce como Valor Presente Neto

La fórmula para calcular el valor presente neto de una inversión es [Baca Urbina, 2015]:

$$VPN = -P + \frac{FNE_1}{(1 + i)^1} + \frac{FNE_2}{(1 + i)^2} + \ldots + \frac{FNE_n}{(1 + i)^n}$$

donde:

- **FNE_n** = flujo neto de efectivo del año n, que corresponde a la ganancia neta después de impuestos en el año n.
- **P** = inversión inicial en el año cero.
- **i** = tasa de referencia que corresponde a la TMAR.

Suponiendo que la TMAR para este caso es de 10% la fórmula resultante quedaría:

VPN = - 1,000 + 236.36 + 289.26 + 360.63 + 221.98 + 170.75

VPN = 278.98

En este caso, para un TMAR de 10% el valor presente de la inversión es positiva, lo que significa que este proyecto es 278.98 mejor que la alternativa de inversión que genera la TMAR. Este proyecto es equivalente a ganar hoy 278.98 sobre la alternativa.

Por otra parte, si TMAR fuera de 25% el VPN sería -99.01. Un valor negativo significa que el proyecto es menos conveniente que seguir con la alternativa que genera el TMAR. Por lo tanto, mientras que para un inversionista el proyecto puede resultar una apuesta atractiva, para otro podría representar pérdidas contra otras opciones que ya tiene.

Al usar Excel se puede calcular el valor presente de cada elemento por separado y sumarlo usando la función =VP. Sin embargo, existe una alternativa para calcular el valor presente neto de una serie de flujos en una sola ecuación.

Para realizar el cálculo hay que sumar el valor de la inversión inicial más el valor presente de los flujos de los períodos siguientes (con la fórmula =VNA o la fórmula =NPV si utiliza la versión en inglés de Excel).

La sintaxis de la fórmula VNA es como sigue [Microsoft, 2021-3]:

VNA(tasa;valor1;[valor2];...)

La sintaxis de la función VNA tiene los siguientes argumentos:

- **Tasa**   Obligatorio. La tasa de descuento a lo largo de un período.
- **Valor1, valor2, ...**   Valor1 es obligatorio, los valores siguientes son opcionales. de 1 a 254 argumentos que representan los pagos e ingresos.
    - Valor1; valor2; ... deben tener la misma duración y ocurrir al final de cada período.

Para el caso del ejemplo de esta sección, se colocan los flujos en un renglón, ocupando una columna cada uno. La fórmula para calcular el valor presente neto es =+A1+VNA(0.1,B1:F1). Esto significa que A1 ya está a valor presente y a eso se le suma el valor presente neto de las celdas B1 a F1 con una tasa de descuento (interés) del 10% (que se escribe como 0.1).

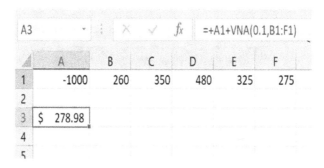

Figura 5.5 – Calculando en Excel el valor presente neto de unos flujos de efectivo

Para tener cuidado

- Los signos de cada celda son importantes, un gasto o inversión se escribe como un numero negativo, un ingreso es positivo.
- Cada columna representa un período. Si en un año no se recibe ingreso, es importante ocupar ese espacio con un cero, de no hacerlo Excel puede asumir que el flujo del año siguiente ocurre en el año en el que no hay valor.
- Los porcentajes en forma numérica se representan con decimales. 10% se escribe 0.10; 5% se escribe 0.05; 50% se escribe 0.50.
- La tasa de descuento (o tasa de interés) es la misma para todos los períodos y es por el período completo. Si el período es mensual pero la tasa de referencia es por un porcentaje anual, entonces la tasa a capturar en la fórmula debe ser la tasa anual dividida entre 12.
- Los pagos se asumen que ocurren al final del período

5.7.- Tasa interna de rendimiento (TIR)

En el ejemplo de la sección anterior se estudiaron dos casos: un inversionista con una TMAR del 10% y otro con una TMAR del 25%. Supongamos que hay cinco inversionistas y cada uno tiene una TMAR diferente: (10%, 15%, 20%, 25% y 30%). Al calcular el VPN de la inversión para cada inversionista se encuentra que para tres de ellos la inversión es aceptable, mientras que para los dos más altos la inversión no es conveniente. La tabla 5.2 muestra los resultados.

Tabla 5.2 – Variaciones en VPN al cambiar la TMAR

Inversionista	TMAR	VPN
A	10%	$278.98
B	15%	$128.89
C	20%	$4.75
D	25%	-$99.01
E	30%	-$186.56

Esta tabla muestra que el proyecto es rentable al compararlo con una tasa de descuento del 20%, mientras que contra 25% no lo es. Ello implica que este proyecto está dando una tasa de descuento entre 20 y 25 porciento.

Para conocer exactamente la tasa de interés que estaría obteniéndose del proyecto, que se llama la Tasa Interna de Rendimiento (TIR) habría que encontrar la tasa de interés que hiciera que el valor presente neto resultara en cero. En la fórmula de VPN habría que despejar i de la siguiente ecuación:

$$0 = -P + \frac{FNE_1}{(1+i)^1} + \frac{FNE_2}{(1+i)^2} + \cdots + \frac{FNE_n}{(1+i)^n}$$

Despejar i de la ecuación resultaría un trabajo en extremo complicado, por lo que una alternativa sería llegar al resultado por aproximaciones múltiples, probando diferentes valores de i hasta encontrar la solución. Otra forma es graficando varios valores de i y encontrando el punto en la gráfica donde VPN intercepta cero. La tercer alternativa es usar tecnología.

Excel tiene una función para calcular el valor presente neto de una serie de flujos. La función se llama VPN (o NPV en la versión en inglés)

La sintaxis de la fórmula VPN es la siguiente [Microsoft, 2021-4]:

TIR(valores, [estimación])

La sintaxis de la función TIR tiene los siguientes argumentos:

- **Valores**   Obligatorio. Es una matriz o una referencia a celdas que contienen los números para los cuales desea calcular la tasa interna de retorno.
  - El argumento valores debe contener al menos un valor positivo y uno negativo para calcular la tasa interna de retorno.
  - TIR interpreta el orden de los flujos de caja siguiendo el orden del argumento valores. Asegúrese de escribir los valores de los pagos e ingresos en el orden correcto.
  - Si un argumento de matriz o referencia contiene texto, valores lógicos o celdas vacías, esos valores se pasan por alto.
- **Estimación**   Opcional. Es un número que el usuario estima que se aproximará al resultado de TIR.
  - Microsoft Excel usa una técnica iterativa para el cálculo de TIR. A partir del número colocado como estimación, TIR recorre el cálculo hasta que el resultado tenga una precisión de 0,00001 por ciento. Si TIR no puede encontrar un resultado que funcione después de 20 intentos, se devuelve el valor de error #NUM.
  - En la mayoría de los casos no necesita proporcionar el argumento estimar para el cálculo de TIR. Si omite el argumento estimar, se supone que es 0.1 (10%).
  - Si TIR devuelve #NUM. o si el resultado no se aproxima a su valor esperado, inténtelo de nuevo con un valor diferente para estimación.

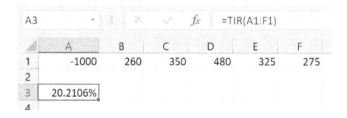

Figura 5.6 – Calculando en Excel el VPN de unos flujos de efectivo

En este caso, la fórmula utilizada =TIR(A1:F1) incluye todos los flujos del proyecto. No se incluyó una estimación y Excel inicia por default con 0.1 (10%).

Lo que dice este resultado es que este proyecto equivale a poner el dinero en el banco a una tasa de interés del 20.2106% anual (qué sí está más cerca de 20% que de 25% como se podía ver en la tabla 5.2). Por lo tanto, si la TIR resultante es mejor que el TMAR planteado, el proyecto es aceptable; mientras que de ser menor al TMAR, el proyecto se rechaza.

Para tener cuidado

- La función TIR necesita que en la lista existan al menos un número positivo y uno negativo para funcionar. Una inversión que solo tiene flujos positivos es infinitamente rentable (pues con una inversión de cero se obtiene utilidad). Del mismo modo, una inversión que solo tiene flujos negativos es infinitamente no rentable.
- La tasa producida como respuesta es el interés por período. Si cada columna representa un mes, la TIR resultante es mensual (para obtener el interés anual habría que multiplicarlo por 12). Si cada columna representa un año, la TIR resultante es anual.
- Algunas veces la celda donde se calcula la TIR tiene formato con pocos decimales o de número entero, es importante extender el número de decimales de la celda donde aparecerá la respuesta para asegurarse de estar viendo un resultado preciso.

5.8.- Interpretando valuaciones de inversión

Partiendo del ejemplo desarrollado en el capítulo 4, donde se analizan los costos y beneficios de un proyecto informático, se puede realizar un análisis del valor presente neto y la tasa interna de rendimiento del proyecto. En la alternativa presentada, como se plantea inicialmente, el año 1 se requiere una inversión de $55,000 y no se reciben beneficios, el segundo año hay un gasto de $45,000, pero se reciben beneficios equivalentes a $8000. Los siguientes años los gastos disminuyen a tan solo $2,000 y los beneficios se incrementan el año 3 a $12,500 y del año 4 en adelante en $14,000.

Para saber si el proyecto es conveniente, hace falta agregar un renglón con el flujo neto de cada período. Este se calcula sumando los ingresos y restando los gastos de cada período. De tal forma que el flujo del año 1 es de -55,000 y el del año 6 (por ejemplo) es de $12,000.

Partiendo del supuesto que el TMAR para la empresa es del 10%, la fórmula para calcular el VPN es **=B16+VNA(B18,C16:K16)** y la fórmula para calcular la TIR es **=TIR(B16:K16,0)**

En este caso, los resultados son un VPN de -$31,676.84 y una TIR de 0.5229% Este resultado es mucho menor que la TMAR esperada (que es 10%) por lo que este proyecto, tal como está presentado se rechazaría.

	A	B	C	D	E	F	G	H	I	J	K
4		1	2	3	4	5	6	7	8	9	10
5	Costos marginales										
6	remodelación	30000	10000								
7	equipamiento	10000	30000								
8	requisitos legales	10000									
9	operación	5000	5000	2000	2000	2000	2000	2000	2000	2000	2000
10	total costos	55000	45000	2000	2000	2000	2000	2000	2000	2000	2000
11	Beneficios marginales										
12	ventas	0	8000	11000	11000	11000	11000	11000	11000	11000	11000
13	viáticos	0	0	1500	3000	3000	3000	3000	3000	3000	3000
14	total beneficios	0	8000	12500	14000	14000	14000	14000	14000	14000	14000
15											
16	flujo neto	-55000	-37000	10500	12000	12000	12000	12000	12000	12000	12000
17											
18	TMAR tasa de interes	10.000%		tasa que el negocio requiere para los proyectos							
19	valor presente neto	-$31,676.84		valor comparado contra invertir en el banco a la tasa de arriba							
20	TIR interes del proyecto	0.5229%		tasa de interes que deja este proyecto							

Figura 5.7 – Análisis financiero de un proyecto de inversión tecnológico

Suponiendo que una estimación es que las ventas a partir del año 3 pueden subir a $22,000 manteniendo todos los demás parámetros intactos. Si se cambia el estimado de ventas para los años 3 a 10 el resultado es un VPN de $21,672.42 (positivo) y una TIR de 15.4247% (mucho mejor que la TMAR de 10). Esta versión del proyecto resulta aceptable.

	A	B	C	D	E	F	G	H	I	J	K
4		1	2	3	4	5	6	7	8	9	10
5	Costos marginales										
6	remodelación	30000	10000								
7	equipamiento	10000	30000								
8	requisitos legales	10000									
9	operación	5000	5000	2000	2000	2000	2000	2000	2000	2000	2000
10	total costos	55000	45000	2000	2000	2000	2000	2000	2000	2000	2000
11	Beneficios marginales										
12	ventas	0	8000	22000	22000	22000	22000	22000	22000	22000	22000
13	viáticos	0	0	1500	3000	3000	3000	3000	3000	3000	3000
14	total beneficios	0	8000	23500	25000	25000	25000	25000	25000	25000	25000
15											
16	flujo neto	-55000	-37000	21500	23000	23000	23000	23000	23000	23000	23000
17											
18	TMAR tasa de interes	10.000%		tasa que el negocio requiere para los proyectos							
19	valor presente neto	$21,672.42		valor comparado contra invertir en el banco a la tasa de arriba							
20	TIR interes del proyecto	15.4247%		tasa de interes que deja este proyecto							

Figura 5.8 – Variación en el análisis financiero de un proyecto de inversión tecnológico

Una práctica común consiste en presentar tres escenarios en cada propuesta: el escenario esperado, el escenario optimista, y un escenario pesimista (most likely, best case y worst case). Si para este proyecto es escenario pesimista consiste en que las ventas el año 3 suben a $18,000; el escenario esperado es ventas de $20,000 y el mejor caso es ventas de $22,000 manteniendo todo lo demás constante, los resultados serían los siguientes:

Tabla 5.3 – TIR de tres posibles escenarios de ventas esperadas

Escenario	Ventas esperadas a partir del año 3	VPN (TMAR=10%)	TIR
Pesimista	$18,000	$2,272.69	10.6002%
Esperado	$20,000	$11,972.56	13.0745%
Optimista	$22,000	$21,672.42	15.4247%

Dado que en este caso todos los escenarios resultan favorables, en estas condiciones el proyecto se aprobaría.

Es posible que el escenario pesimista sea negativo mientras que el esperado y optimista resulten positivos. En esos casos es importante revisar el nivel de riesgo y la probabilidad que se dé cada escenario para determinar si se procede, o no, con el proyecto.

¿Qué validez tienen los resultados?
Excel es una herramienta muy poderosa y, si un proyecto no está presentando los resultados necesarios para su aprobación, es muy tentador tan solo cambiar la estimación de beneficios para que el resultado final sea aceptable. Esta práctica es peligrosa, pues si la estimación inicial era honesta y estaba bien calculada, va a ser difícil obtener los resultados prometidos en el análisis modificado.

Es conveniente modificar los análisis cuando se busca medir el esfuerzo necesario para que un proyecto sea rentable. Por ejemplo, si al ver un proyecto resulta que las ventas el año 3 deben ser de al menos $18,000 para que el VPN y la TIR resulten favorables, debemos preguntarnos ¿qué tan difícil es llegar a $18,000 en ventas? Si la respuesta, con toda honestidad, es que ese número no es ningún problema, entonces se puede presentar el proyecto ante las autoridades que lo analizan y solicitar el presupuesto para llevarlo a cabo. Si, por el contrario, encontramos que llegar a $18,000 en ventas requiere un esfuerzo extraordinario que nunca se ha logrado antes, es probable que el proyecto nunca entregue los resultados necesarios para considerarse rentable.

Es mucho mejor identificar un problema potencial cuando el proyecto está en la etapa de planeación y análisis, que esperar a la implementación para darse cuenta que se ha tomado la decisión equivocada.

Un buen análisis puede brindar la confianza que el proyecto tiene potencial y permitir a los tomadores de decisiones comparar diferentes alternativas de inversión. La TIR y el VPN permiten comparar los resultados esperados de proyectos diversos como tecnología, mercadotecnia, o producción, por mencionar algunos. Estos análisis permiten tomar la mejor decisión para el futuro de la organización. Quizá sea aquí donde se vea que el dinero "hace iguales al duque y al ganadero", aunque este ejemplo seguramente no era lo que originalmente intentaba ilustrar el poeta Francisco de Quevedo en el siglo XVII al escribir su poema "Poderoso caballero es don dinero".

5.9.- Resumen

- El dinero, si se invierte sabiamente, produce un interés.
- No es lo mismo cien pesos hoy, que cien pesos dentro de un año. Si alguien me paga cien pesos hoy, lo puedo invertir (en el banco o en mi negocio de frutas) y tener, dentro de un año, más de los cien pesos con los que inicié.
- El dinero, a precio de hoy, se le conoce como dinero a valor presente. El dinero en el precio que tendrá en algún punto en el futuro se le conoce como valor futuro.
- Al calcular el valor futuro del dinero, es necesario conocer el monto actual del dinero (valor presente) la tasa de interés que se paga por período (interés) y el número de períodos que se tendrá en cuenta.
- La fórmula para calcular el valor futuro es

$$F = P(1 + i)^n$$

- La fórmula para calcular el valor presente de un monto de dinero en cierto período es [Baca Urbina, 2015]:

$$P = \frac{F}{(1 + i)^n}$$

- La función que se utiliza para calcular el valor futuro de una cantidad es VF, por Valor Futuro (o FV por Future Value si usa la versión en inglés).
- La función que se utiliza para calcular el valor presente de un número es VA, por Valor Actual (o PV por Present Value si usa la versión en inglés).

- El inversionista normalmente tiene una tasa de rendimiento base contra la cual comparar las oportunidades de inversión. Esta tasa de referencia se llama Tasa Mínima Aceptable de Rendimiento (TMAR). Generalmente la TMAR es un rendimiento base que se obtendría por la inversión en condiciones normales,
- Para definir si una inversión es atractiva, se necesita traer todos los flujos generados por dicha inversión, a valor presente; e identificar si el monto recibido es equivalente, a precios actuales, al monto invertido.
- A la suma de valores presentes de todos los flujos de una inversión descontados a cierta tasa de interés se le conoce como Valor Presente Neto (VPN).
- Para conocer exactamente la tasa de interés que estaría obteniéndose de un proyecto, habría que encontrar la tasa de interés que hiciera que el valor presente neto resultara en cero. A este valor se le conoce como Tasa Interna de Rendimiento (TIR).
- Como un análisis de un proyecto requiere estimaciones de los flujos futuros, una práctica común consiste en presentar tres escenarios en cada propuesta: el escenario esperado, el escenario optimista, y un escenario pesimista.
- Un buen análisis puede brindar la confianza que el proyecto tiene potencial y permitir a los tomadores de decisiones comparar diferentes alternativas de inversión.

5.10.- Ejercicios de repaso

Preguntas

1. ¿Por qué se dice que el dinero cambia de valor en el tiempo?
2. ¿Qué es el valor presente?
3. ¿Qué significa el valor futuro de cierta cantidad?
4. ¿Qué información necesito para calcular el valor futuro de una inversión?
5. ¿Cómo se calcula el valor futuro de cierto monto a valor presente?
6. ¿Qué significa la Tasa Mínima Aceptable de Rendimiento?
7. ¿Para qué se usa la TMAR?
8. ¿Qué es el valor presente neto de una inversión?
9. ¿Qué se puede deducir de la tasa interna de rendimiento de un proyecto?
10. ¿Por qué es importante analizar escenarios probables, optimistas y pesimistas de un proyecto?

11. ¿Cómo puedo usar la TIR y el VPN para analizar un proyecto informático?

Ejercicios

1. Cuál es el valor futuro de 100 pesos invertidos por 10 años a una tasa de interés del 5% anual?
2. Qué alternativa resulta más atractiva: recibir 110 pesos en un año, o recibir 115 pesos en dos años, si consideramos una tasa de rendimiento anual del 4.5%?
3. Una compañía de seguros me ofrece un bono que cuesta 2,500 pesos y paga, al final de cinco años 3,000 pesos. Me conviene más invertir en esa opción, o meter mi dinero al banco a una tasa de interés del 5% anual?
4. ¿Cuál es el valor presente neto de una inversión de 1,000 que produce beneficios de 190 anuales durante diez años considerando una TMAR de 15% anual??
5. ¿Cuál es la tasa de interés que está pagando una inversión de 1,000 que produce beneficios de 190 anuales durante diez años?
6. Un proyecto informático requiere una inversión de 50,000 el primer año, una inversión de 30,000 el segundo año y produce un beneficio de 10,000 el tercer año y beneficios de 15,000 los años cuatro a diez (que es cuando concluye su vida útil). ¿Cuál es la tasa interna de rendimiento de ese proyecto?

Capítulo 6

Análisis Cualitativo de Proyectos

""No todo lo que puede ser contado cuenta, y no todo lo que cuenta puede ser contado"

William Bruce Cameron, "Informal Sociology", 1963

6.1.- Objetivos de aprendizaje

- Entender la forma de priorizar proyectos actuales y nuevos desarrollos
- Identificar y clasificar los proyectos necesarios
- Aprender a definir los proyectos de infraestructura
- Entender cómo calificar proyectos con costos y beneficios no cuantificables
- Aprender a integrar una lista consolidada de proyectos

6.2.- Operación actual y nuevos desarrollos

Normalmente, en una empresa, hay proyectos informáticos funcionando. Algunos son más importantes que otros, y algunos requieren mayor atención. La primera responsabilidad del área de tecnología es mantener los proyectos actuales funcionando, a esto siguen los nuevos desarrollos.

Para definir qué proyectos actuales requieren más atención, se pueden categorizar en una tabla de 2x2 con dos ejes: la importancia del proyecto para la empresa, y la salud del proyecto (en cuanto a su estabilidad operativa). Aquellos proyectos que sean altamente importantes y tengan una salud pobre, requieren atención inmediata. Es importante que se actualicen y no dejen de operar. Los proyectos importantes sanos solo deben mantenerse funcionando. A esto le siguen los proyectos poco importantes con problemas. En esos casos es importante evaluar si se deben mantener o eliminar. Los proyectos sanos poco importantes quedan al final de la lista de atención y pueden seguir operando mientras no presenten un problema.

Figura 6.1 – Clasificación de proyectos actuales por salud y valor

6.3.- Proyectos necesarios

Algunos proyectos tecnológicos se pueden justificar en términos de sus costos y beneficios. Sin embargo, hay ciertos proyectos que se deben completar, aunque sus costos sean mayores que los beneficios tangibles esperados. Hay tres clases de proyectos no rentables que deben ser considerados en el plan de trabajo: aquellos que son requeridos para cumplir con un requerimiento legal, proyectos de infraestructura necesarios para proporcionar comunicaciones o datos a otros proyectos, o proyectos estratégicos que son necesarios para mantener el nivel de competitividad de la empresa o su imagen pública.

Los proyectos necesarios para cumplir con alguna normatividad o reglamento se deben incluir en el programa de trabajo y se debe planear su entrega e implementación dentro de los tiempos requeridos. Ejemplos de estos son sistemas para proteger la información de los clientes, sistemas para reportar ciertas actividades a oficinas del gobierno, o para reportar a los accionistas de la empresa cambios en la situación de la organización.

Algunos proyectos necesarios son aquellos requeridos para el cumplimiento de la ley Sarbanes Oxley (SOX) que es obligatoria para cualquier empresa que cotice en la bolsa de valores de Nueva York o que opere en los Estados Unidos. La ley busca proteger a los inversionistas mejorando la calidad y exactitud de la información financiera que emita la empresa y castiga con multas y hasta cárcel por el no cumplimiento. Desarrollar los sistemas para acatar esta ley son, por consiguiente, prioridad máxima en cualquier plan de tecnología. Empresas como Cemex aplican estos principios y los describen en sus páginas de Internet. [Cemex, 2021]

Minicaso: ¿Cómo clasificar un proyecto de seguridad de la información?

Como parte del programa de seguridad informática, el departamento de tecnología obliga a los usuarios a cambiar sus passwords cada cierto tiempo e instala software antivirus en todos los equipos de la empresa. Recientemente llegaron noticias que un competidor ha recibido un ataque de ransomware. Nuestra empresa nunca ha sido atacada y ya tiene ciertas medidas de seguridad, pero el área de tecnología insiste en que se invierta una cantidad considerable en sistemas de datos redundantes y copias de nuestros archivos. Hacer eso no agregará valor a nuestras operaciones actuales y puede quitar presupuesto de otros proyectos importantes. ¿Debe la empresa analizar este proyecto seriamente?

6.4.- Proyectos de infraestructura

Algunas veces, es necesario realizar ciertos proyectos para preparar el camino, obtener datos o transportar información necesaria para otros proyectos. Estos se conocen como proyectos de infraestructura. Una analogía sería como construir una carretera libre para llegar a una ciudad. La carretera en sí, no produce utilidad alguna, pero el tenerla permitirá la operación de los negocios en la ciudad.

Si un proyecto de infraestructura es necesario para un solo proyecto estratégico o uno que brinda utilidades, la infraestructura deberá considerarse parte del costo del proyecto al que sirve, y este se deberá completar justo antes que sea requerido por el proyecto.

Por otra parte, si el proyecto de infraestructura es para permitir una serie de nuevas iniciativas, entonces se deberá considerar un proyecto estratégico en sí mismo y competir por recursos con los otros proyectos estratégicos de la empresa. De cualquier forma, un proyecto de infraestructura puede esperar hasta justo antes que el primer proyecto al que sirva vaya a entrar en operación.

Minicaso: Historia de dos ciudades

Hay dos proyectos importantes en la lista de pendientes de un especialista en business intelligence en un equipo deportivo. El primero es un sistema para analizar porqué 20% de los aficionados con boletos de temporada completa en la zona de palcos deciden no asistir a los juegos. El segundo es un sistema para analizar porqué 10% de los aficionados en la zona preferente del estadio decidieron no renovar su abono anual este año. ¿Cómo se pueden priorizar ambos proyectos? ¿a cuál se le debe prestar atención primero? ¿por qué?

6.5.- Proyectos estratégicos no cuantificables

Si a un proyecto no se le puede asignar un beneficio tangible, la metodología para clasificarlo consiste en asignarle puntos de acuerdo a criterios predefinidos. [Alanís, 2020]

En el ejemplo a utilizar en este capítulo el orden que se le ponga a los proyectos estratégicos va a depender de cuatro factores principales:

* qué tan importante es el programa al que se está apoyando,
* qué tan importante es el apoyo informático para el proyecto,
* qué tan disponible está la tecnología y
* qué disposición tienen los usuarios.

Sin embargo, cada empresa es diferente y puede definir un grupo diferente de factores a calificar.

En este caso, el Primer factor califica al proyecto en general:

La importancia del programa: Es obvio que si, por ejemplo, el proyecto para identificar nuevos clientes es más prioritario en el plan de la organización, que el proyecto para eliminar las colas en el módulo de información de una tienda, los programas informáticos para el primero tendrían prioridad sobre los del segundo. Generalmente hay una lista de programas prioritarios en la empresa, y hay un orden entre ellos. A esta lista se le pueden asignar puntos. Esto puede ser un primer indicador de dónde debe estar la atención cuando se planean nuevos proyectos.

Tabla 6.1 – Lista general de proyectos con puntuación

Proyecto	Importancia	Puntos
A	1	85
B	2	83
C	3	75
D	4	68
E	5	56

Los siguientes tres factores califican el rol de informática dentro de ese proyecto:

El nivel de apoyo informático: Hay proyectos donde la informática es indispensable para su funcionamiento. Mencionemos por ejemplo el proyecto de modernización del manejo de créditos de los clientes, este no se podría realizar sin apoyo de sistemas de cómputo. Hay, por otra parte, proyectos que quizá no dependan tanto de los sistemas, por ejemplo, el proyecto de mejorar la salud de los empleados mediante la organización de una liga de baseball. En estos casos, aunque el proyecto de la liga deportiva pueda ser más importante en alguna lista de proyectos, probablemente el proyecto de modernización del manejo de créditos debería recibir mayor atención por parte del área de Informática, pues es ahí donde se recibiría mayor beneficio por la inversión.

La disponibilidad de la tecnología: Un factor importante para definir si un proyecto se hace este año o el año siguiente es si la tecnología que requiere está disponible en la organización o incluso en el mercado. Si ya tengo el equipo, quizá sea más sencillo conseguir el software. Por otra parte, las tecnologías generalmente son más accesibles conforme pasa el tiempo. Trabajar con una tecnología que apenas se está desarrollando puede resultar caro y no dar los resultados esperados. Sin embargo, proyectos que el año pasado se rechazaron por ser muy caros o muy difíciles, pueden ser viables dados los cambios en los marcados y las condiciones actuales.

El cuarto factor a considerar es *la actitud de los usuarios*:   En igualdad de circunstancias, un proyecto para un usuario que sí quiere que funcione, es más fácil de desarrollar, y puede dar mejores resultados, que otro con un usuario que se resiste a cambiar.

Al colocar los tres factores en una tabla se puede calificar cada proyecto en términos de cada factor, así, si un proyecto requiere totalmente del apoyo informático este recibiría 10 puntos en ese factor, mientras que, si un proyecto depende de tecnología no disponible, o difícil de conseguir, podría recibir 3 puntos en el factor correspondiente.

Tabla 6.2 – Proyectos calificados por valor

Proyecto	Importancia del apoyo informático	Disponibilidad de la tecnología	Actitud del usuario
A	8	10	8
B	10	10	9
C	9	8	8
D	4	3	9
E	8	10	5

Para definir qué tan importante es la informática para el proyecto se asigna un peso a cada factor (da tal forma que sumen 100%). De esta forma, un proyecto con 10 puntos en cada uno de los tres factores valdría 100% de su puntaje, mientras que un proyecto con 5 punto en cada factor valdría 50% de los puntos asignados a ese proyecto. Como ejemplo, en la siguiente tabla se asigna 50% del peso al factor Importancia, 30% a Disponibilidad y 20% a Actitud. Al multiplicar el peso por el puntaje y sumar cada proyecto se obtiene un valor que indica la importancia de la tecnología para el proyecto (sin considerar qué tan importante sea, o no, el proyecto en la tabla global).

Tabla 6.3 – Lista de proyectos con cálculo del valor de la contribución de la tecnología en cada uno

Proyecto	Importancia del apoyo informático	Disponibilidad de la tecnología	Actitud del usuario	Valor de TI
Peso por factor →	50%	30%	20%	
A	8	10	8	0.86
B	10	10	9	0.98
C	9	8	8	0.85
D	4	3	9	0.47
E	8	10	5	0.80

Al combinar la tabla 6.3 con los valores de TI para cada proyecto, con los puntos de los proyectos que se obtienen de la tabla 6.1 con el valor global, y multiplicar los puntos del proyecto por el valor de TI se obtiene un puntaje que indica la importancia de cada proyecto dentro del plan de informática del año.

Tabla 6.4 – Lista de proyectos con puntuación, indicando la importancia para el área de tecnología

Proyecto	Importancia del apoyo informático	Disponibilidad de la tecnología	Actitud del usuario	Valor de TI	Puntos	Puntos final
Peso por factor →	50%	30%	20%			
A	8	10	8	0.86	85	73.1
B	10	10	9	0.98	83	81.3
C	9	8	8	0.85	75	63.8
D	4	3	9	0.47	68	32.0
E	8	10	5	0.80	56	44.8

Este cálculo permite reordenar los proyectos y esta lista puede ser diferente a la lista global. Por ejemplo, en este caso, aunque el proyecto A tiene mayor prioridad que el proyecto B, este último tiene más puntos para informática, por lo que merecería más atención.

Tabla 6.5 – Proyectos ordenados según su importancia para el área de tecnología

Proyecto	Puntos final
B	81.3
A	73.1
C	63.8
E	44.8
D	32.0

Esta no es una lista final de proyectos, hay que considerar los recursos y presupuesto disponibles y decidir, partiendo del proyecto más importante, hasta qué proyecto se podría llegar.

6.6.- Integración del plan de proyectos

El plan final de proyectos consiste en la suma de los proyectos para mantener la plataforma actual funcionando y los proyectos nuevos, que consisten en proyectos de infraestructura, proyectos cuantificables y los no cuantificables.

La lista generada se convierte en una herramienta de negociación. Con ella, y considerando factores como el balance de riesgos (no podemos tomar solo proyectos a largo plazo o proyectos muy sencillos) se puede iniciar la negociación con las oficinas de los usuarios para generar una lista final de que es lo que se va a desarrollar este año y qué debe esperar al año siguiente.

Los factores a analizar pueden cambiar, también el peso de cada uno. El valor de esta metodología estriba en que no solo toma en cuenta consideraciones económicas de los proyectos, sino que parte de las prioridades de cada administración, tomando en cuenta factores que resultarían difíciles de cuantificar, pero que son igual de valiosos para las organizaciones.

La herramienta da visibilidad al trabajo pendiente y ayuda a involucrar a los usuarios en los proyectos informáticos.

6.7.- Resumen del capítulo

- La primera responsabilidad del área de tecnología es mantener los proyectos actuales funcionando, a esto siguen los nuevos desarrollos.
- Para definir qué proyectos actuales requieren más atención, se pueden categorizar en una tabla de 2x2 con dos ejes: la importancia del proyecto para la empresa, y la salud del proyecto (en cuanto a su estabilidad operativa).
- Los nuevos proyectos se pueden clasificar en términos de sus costos y beneficios
- Hay tres clases de proyectos no rentables que deben ser considerados en el plan de trabajo: aquellos que son requeridos para cumplir con un requerimiento legal, proyectos de infraestructura necesarios para proporcionar comunicaciones o datos a otros proyectos, o proyectos estratégicos que son necesarios para mantener el nivel de competitividad de la empresa o su imagen pública.
- Si a un proyecto no se le puede asignar un beneficio tangible, la metodología para clasificarlo consiste en asignarle puntos de acuerdo a criterios predefinidos

- El plan final de proyectos consiste en la suma de los proyectos para mantener la plataforma actual funcionando y los proyectos nuevos, que consisten en proyectos de infraestructura, proyectos cuantificables y los no cuantificables.
- La lista generada se convierte en una herramienta de negociación. Con ella, y considerando factores como el balance de riesgos (no podemos tomar solo proyectos a largo plazo o proyectos muy sencillos) se puede iniciar la negociación con las oficinas de los usuarios para generar una lista final de que es lo que se va a desarrollar este año y qué debe esperar al año siguiente.

6.8.- Preguntas de repaso

Preguntas
1. ¿Por qué es importante concentrarse primero en mantener los proyectos actuales trabajando, antes de pensar en nuevos desarrollos?
2. ¿Qué se debe hacer con proyectos actuales muy importantes, pero poco estables?
3. ¿Qué se debe hacer con proyectos actuales poco importantes y bastante estables?
4. ¿Qué importancia deben tener los proyectos requeridos por el gobierno?
5. ¿cómo decidir cuándo planear un proyecto de infraestructura?
6. ¿Qué criterios se pueden utilizar para evaluar proyectos con beneficios no cuantificables?

Ejercicios
1. Identifique dos proyectos de infraestructura tecnológica en una empresa
2. Identifique tres proyectos obligatorios en una organización
3. Liste dos proyectos con beneficios cuantificables y dos no cuantificables que estén en operación en alguna empresa.

Módulo III

Desarrollo de Soluciones de Inteligencia de Negocios

Capítulo 7

Desarrollo y Operación de Soluciones Tecnológicas en la Organización

"Apresurarse en la fabricación sin estar seguro del producto es la causa no reconocida de muchos fracasos empresariales. La gente parece pensar que lo importante es la fábrica, o la tienda, o el respaldo financiero, o la administración. Lo importante es el producto, y cualquier prisa en comenzar la fabricación antes de que se completen los diseños es sólo mucha pérdida de tiempo".

Henry Ford, "Mi Vida y Obra", 1922

7.1.- Objetivos de aprendizaje

- Describir el ciclo de vida del desarrollo de sistemas
- Identificar los factores críticos de éxito para un proyecto de desarrollo de un sistema de información
- Apreciar la importancia del apoyo de la alta administración en proyectos
- Entender el valor del apoyo de las áreas operativas en proyectos
- Identificar los principales retos de la Gestión de Proyectos de TI
- Apreciar la relevancia de la continuidad de operación
- Listar técnicas para asegurar la continuidad de operación de sistemas en una empresa

7.2.- El ciclo de vida de desarrollo de sistemas

Los sub sistemas de una solución de inteligencia de negocios se integran por componentes de diversos tipos:

- Equipo de cómputo y software
- Procedimientos manuales
- Modelos para el análisis, la planeación, el control y la toma de decisiones
- Una base de datos

El equipo de cómputo (hardware) se puede comprar o rentar. Aparentemente solo hay que pagar por él, y listo. Sin embargo, hay que definir el tipo de equipo a utilizar, su capacidad y requerimientos. Para definir esto, primero hay que especificar qué es lo que se necesita que haga ese hardware; es decir, que tipo de programas deberá ejecutar.

Obtener el software y los procedimientos manuales es mucho más complicado. Los programas de cómputo no aparecen solos. Hay que saber qué necesitamos que hagan, y luego comprarlos, construirlos o rentarlos. Los procedimientos habría que diseñarlos, pero también requieren entrenar a los usuarios y asegurar su operación continua y sin problemas para que el sistema de información funcione.

El proceso para crear y poner en marcha (implementar) un sistema de información se conoce como el **ciclo de vida de desarrollo de sistemas** o Software Development Lice Cycle (SDLC por sus siglas en inglés). La figura 7.1 ilustra los pasos del proceso [Kendall & Kendall, 2005; Laudon & Laudon, 2019].

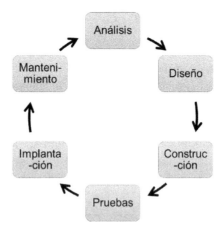

Figura 7.1 – Fases del ciclo de vida de desarrollo de sistemas (SDLC)

Las fases del ciclo de vida de desarrollo de sistemas son las siguientes:

Análisis: define qué se va a hacer

Diseño: responde a la pregunta de cómo va a operar el sistema

Construcción: asegura que se compre, rente o fabrique el software especificado en las dos fases anteriores

Pruebas: asegura que el sistema en su totalidad (personas, hardware y software) funcionen bien en conjunto y con las cargas de trabajo esperadas.

Implantación: pone el nuevo sistema a operar en la empresa y administra el cambio, de la antigua forma de hacer las cosas a la nueva.

Mantenimiento: Se asegura que el sistema se mantenga funcionando y de las respuestas correctas; corrigiendo los errores que se encuentren, pero también reaccionando ante cambios en los requerimientos.

A continuación, se desglosa cada una de las fases identificadas.

La fase de análisis

En esta fase se define qué es lo que se quiere que haga el nuevo sistema. Aquí no nos preocupamos por cómo se va a realizar esa función (eso es la siguiente fase) solo vemos qué información se necesita, quién la requiere y qué se va a hacer con ella.

Algunas veces el análisis nos puede llevar a concluir que la solución no es simplemente automatizar los procesos actuales, sino que se requiere rediseñarlos completamente. Incluso, luego de analizar lo que se hace, se puede llegar a la conclusión que la información que se maneja no es la mejor. De cualquier forma, de esta fase surge el diseño del "qué debe hacer el sistema de información".

Un nuevo sistema de información trae cambios a la organización. Algunas veces los cambios son sencillos, simplemente buscamos una forma de hacer lo mismo que ya se hace, pero más eficientemente. A esto se le llama automatización.

Al automatizar, es posible que se encuentren nuevos cuellos de botella en los procesos o que se descubran otros problemas con los procesos actuales, esto hace necesario una revisión completa a los procesos, eliminando pasos que no agregan valor, y cambiando otros. A esto se le llama Racionalización.

La automatización y racionalización de procesos hace más eficiente lo que se está haciendo. Sin embargo, llega un punto donde la única forma de acelerar aún más un proceso y maximizar el potencial de la tecnología es repensando el proceso desde el principio. Esto se conoce como reingeniería de procesos de negocio. El término fue difundido por Michael Hammer [Hammer, 1990] y consiste en cambiar el enfoque a la solución de un problema.

Hammer ilustra la idea de reingeniería con una analogía. Dice que, en lugar de pavimentar los caminos de tierra para poder ir más rápido, es mejor replantear la ruta y buscar mejores formas de obtener los resultados que buscamos. La pregunta no es cómo recorro la ruta más rápido, sino por qué quiero llegar a ese destino. Quizá la respuesta nos muestre que una llamada telefónica es suficiente y no sea necesario tener esa ruta. Quizá la respuesta sea que podemos construir un puente que elimine buena parte del camino.

La idea principal de la identificación de proyectos transformacionales es cambiar la pregunta. Reenfocar el esfuerzo de ¿cómo hago esto más rápido?, a ¿por qué hago esto?, o ¿podría hacer otra cosa?   No todos los proyectos requieren una reingeniería. Estas son más riesgosas, requieren más tiempo, enfrentan mayor resistencia al cambio y son más complicadas que un proyecto de automatización, pero en ciertos casos, el repensar los procesos puede ser la única solución a un problema en una organización.

La fase de Diseño

Durante el diseño de un sistema de información el foco se centra en responder a la pregunta: "¿cómo va a funcionar el sistema?". Ya sabiendo qué hacer (de la fase anterior) en esta etapa se decide quién produce la información, cómo se procesa, qué productos se generan y el flujo de datos del proceso. Se deben definir los componentes y la forma en que van a interactuar entre ellos. La documentación del diseño debe ser suficientemente detallada como para que, en la siguiente fase, se pueda construir el sistema sin problema.

La etapa de Construcción

Lo primero que se hace en esta etapa es ver si ya hay un programa que funcione (o se pueda ajustar) a nuestras necesidades, si lo hay, se compra o renta; si no existe, habría que desarrollarlo. En esta fase de adquiere o programa el software necesario para que el sistema funcione como está diseñado. El software debe estar funcionando sin errores antes de pasar a la siguiente etapa.

En algunos casos, es posible, con un buen diseño, enviar las especificaciones a fábricas de software, donde programadores desarrollan las aplicaciones solicitadas. Las Fábricas pueden estar en cualquier parte del mundo y, generalmente, se colocan en lugares donde hay personal capacitado disponible y dispuesto a trabajar por un sueldo menor. Esta práctica se conoce como **outsourcing**.

Minicaso: Reingeniería en las oficinas del Registro Civil de Nuevo León [Alanís, Kendall y Kendall, 2009]

El proyecto comienza cuando el director del Registro Civil del Estado de Nuevo León solicitó apoyo pues "durante enero y febrero la demanda por actas de nacimiento es tan alta que algunas veces la gente debe esperar en largas filas durante horas para ser atendida". La pregunta inicial era ¿cómo podemos hacer más eficiente el proceso?

El replanteamiento consistió en cambiar el enfoque de ¿cómo emito actas más rápido? a ¿por qué la gente necesita actas de nacimiento en enero y febrero? Al plantear esa pregunta se encontró que las actas eran necesarias para inscribir a los niños en la escuela en el primer grado de educación primaria, pues es un documento requerido por la Secretaría de Educación, y las inscripciones son en febrero de cada año. La Secretaría de Educación solo necesitaba el nombre completo del niño o niña a inscribir y su fecha de nacimiento, pero debería ser un dato exacto, por eso tenía que ser validado por el registro civil.

Como no se sabía exactamente en qué escuela se inscribiría el menor, y como no todas las escuelas contaban con tecnología, la solución consistió en editar un libro con los nombres de los niños nacidos en el estado, que se iban a inscribir en primaria ese año (los nacidos hacía seis años) y enviar copias del libro a todas las escuelas. Las personas ya no requerirían un acta, solo deberían encontrar la información en el libro que ya tenía la escuela.

Ese año, noventa mil personas no tuvieron que acudir a las oficinas del Registro Civil por un acta de nacimiento (un éxito social a todas luces).

La etapa de pruebas

Incluso si el software funciona, hay que probar el sistema completo, es decir, operar el proceso desde el punto donde se origina la información hasta donde se generan los resultados. Hay que asegurar que todos los componentes (humanos y mecánicos) funcionan correctamente y pueden interactuar juntos sin problema.

Es importante también hacer pruebas con cargas normales de trabajo. Algunas veces el software funciona muy bien con una o dos transacciones, pero si en la vida real tendría que procesar cientos o miles de transacciones, es importante asegurar que el sistema no fallará durante la operación.

La etapa de Implantación

La fase siguiente consiste en poner a funcionar el sistema diseñado. Normalmente existe una forma de hacer las cosas y cierta información que se genera. Un nuevo sistema representa un cambio. En esta fase, es importante capacitar al personal que va a utilizar el nuevo sistema y planear la forma en la que se realizará el cambio del sistema anterior al nuevo.

Hay tres formas principales de hacer la transición: se puede hacer de un solo golpe (un día se apaga el sistema anterior y se prende el nuevo) esta opción es económica pues requiere poco gasto en la transición, pero muy arriesgada. Si el nuevo sistema no funciona o presenta problemas esto representaría un desastre.

La segunda forma es correr los dos sistemas, el viejo y el nuevo, en paralelo por un tiempo. Esta opción es segura pues solo se apaga el sistema anterior si el nuevo demuestra que funciona. Pero es muy cara ya que requiere el doble de trabajo por un tiempo.

La tercera alternativa es una implantación por etapas. Si el sistema se puede separar en partes, es posible implementar un módulo en un departamento y luego seguir con los demás. Ya con el primer módulo en su lugar se puede instalar el siguiente, y así sucesivamente hasta completar la instalación del sistema completo.

La fase de mantenimiento

Una computadora se puede descomponer, un disco se puede dañar, eso requiere mantenimiento. Pero, ¿qué significa dar mantenimiento a un proceso o al software? Los programas siempre hacen lo mismo, normalmente no se modifican solos. Mantenimiento de software y procesos implica dos actividades: corregir cualquier error que no se haya detectado en la fase de pruebas; y asegurarse que el sistema cumpla con brindar la información relevante, completa y oportuna. Es decir, que la información siga siendo útil para tomar decisiones.

El problema es que las decisiones que apoya un sistema normalmente ocurren en el mundo real, y este cambia, así que lo que era información útil ayer, hoy puede no serlo tanto. El sistema se debe modificar para que siga proporcionando la información que se necesita dadas las cambiantes condiciones del ambiente donde existen las decisiones que apoya. Otro tipo de cambio es cuando las condiciones del proceso cambian, como cuando aparece un impuesto nuevo, o cambia una tasa de interés.

Eventualmente, las condiciones cambian demasiado, o surgen nuevas oportunidades, lo que provoca un requerimiento por un nuevo sistema de información. Esto reinicia el ciclo.

7.3.- El desarrollo por prototipos

El ciclo de vida de desarrollo de sistemas requiere que se pueda identificar y definir claramente las necesidades del usuario antes de pasar a las etapas de desarrollo. Esta metodología funciona bien para sistemas grandes con altos niveles de complejidad, pues ayuda a dividir un problema en partes e identificar posibles soluciones. Sin embargo, el proceso toma mucho tiempo y requiere que se entienda bien la problemática antes de iniciar el desarrollo de las soluciones.

En el ambiente de toma de decisiones, algunas decisiones que requieren soporte llegan de improviso y se deben tomar en un lapso corto de tiempo (lo que haría inviable el seguir una metodología completa de desarrollo). Por otra parte, algunas problemáticas son tan únicas que es difícil conocer lo que se necesita para resolverlas por adelantado.

Si una persona quiere comprar un traje, difícilmente irá a una tienda con la lista de especificaciones de lo que quiere. El método más común es que vea lo que hay en la tienda y se prueba algunos modelos hasta que encuentre lo que está buscando. Con software puede ocurrir un fenómeno parecido. Si es difícil que un usuario sepa exactamente lo que necesita, quizá deba probar diferentes modelos hasta encontrar lo que busca.

La técnica a usar en estos casos se llama diseño por prototipos. El diseño por prototipos consiste en construir de forma rápida y económica un sistema experimental que se puede usar para evaluar la funcionalidad requerida [Laudon & Laudon, 2019]. No tiene que ser un sistema funcional, pueden ser solo una serie de imágenes de lo que se vería en la pantalla para que el usuario pueda sentir la funcionalidad propuesta.

El proceso es iterativo. Se diseña el primer prototipo, se prueba, se hacen correcciones y se vuelve a presentar. El proceso se repite hasta encontrar una versión aceptable.

Una vez completado el proceso, si se desarrolló un sistema funcional, se puede proceder a estabilizarlo, documentarlo y entregar al usuario final. La otra alternativa es usar el prototipo como las especificaciones del sistema deseado, que luego se procede a construir, probar e implementar.

7.4.- Desarrollo por usuarios finales

Algunos tipos de sistemas se pueden construir directamente por los usuarios finales usando macros en Excel o diseñando paneles de control en Tableau, por ejemplo. La ventaja es que, al involucrarse el usuario final, estos sistemas tienen más fácil aceptación. El problema estriba en que, al no ser construidos con los procesos formales, es común que los sistemas diseñados por un usuario final puedan tener fallas, no puedan procesar grandes volúmenes de información, o sean útiles solamente para una persona o una decisión en particular.

Es común que los sistemas diseñados por usuarios finales no tengan planes de contingencia en caso que se pierdan los datos. Si la empresa va a depender de decisiones que se tomen en base a sistemas diseñados por estos métodos, es conveniente trabajar en usar esos sistemas como prototipos en los que se base la construcción de un sistema formal.

Un compromiso aceptable es establecer ciertos estándares de hardware, software o datos para todos los sistemas desarrollados por usuarios finales que se vayan a utilizar en la organización. Es importante combinar esto con concientización en los procesos de seguridad de la información y prevención de riesgos.

7.5.- Factores críticos de éxito para un nuevo sistema de información

Para que un sistema se considere exitoso es importante que funciones bien, pero más importante es que sea utilizado correctamente para las personas y funciones para las que fue diseñado.

Construir un nuevo sistema de información es un proceso que requiere mucho esfuerzo y la participación de personal de diferentes áreas. Si se planea construir un sistema para apoyar al proceso de ventas, es importante que personal de ventas participe en el análisis y diseño de la solución. Esto requiere sacar a algunos vendedores de su trabajo en ventas para que apoyen el diseño de un nuevo sistema.

Si el jefe de ventas no tiene interés en el proyecto y asigna a sus peores vendedores a la tarea, el sistema resultante podría no ser muy bueno. Es necesario el acceso al mejor vendedor, lo que probablemente implique distraerlo de su trabajo por un tiempo, para que, con sus ideas, se diseñe un buen nuevo sistema.

Esto le va a costar a la empresa, por lo tanto, es importante el apoyo de las áreas que serían las usuarias del sistema. Ellos a su vez, van a necesitar el apoyo de la alta dirección, para aceptar una baja en ventas (que podría resultar si se saca al mejor vencedor de su trabajo por un tiempo para que ayude con el nuevo sistema).

Sin apoyo de la alta dirección de la empresa, un nuevo sistema no se podría construir. Sin el interés y participación de las áreas usuarias, se corre el riesgo que el nuevo sistema no aporte las soluciones necesarias o que los usuarios vean este nuevo sistema como una imposición y no le busquen utilidad ni aplicación.

Desde los primeros proyectos de desarrollo de software, estaba claro que estos proyectos tenían reglas especiales [Brooks, 1972].

Entre los factores que han demostrado ser importantes para el éxito de un desarrollo de sistemas se encuentran:

- Apoyo de la alta dirección
- Involucramiento del usuario
- Profesionalismo del personal de desarrollo
- El presupuesto y tiempo adecuados
- Claridad en objetivos
- Administración de riesgos y
- Aplicación de mejores prácticas en el desarrollo

7.6.- Los retos en la operación continua de un sistema de información

Un banco sin comunicaciones no podría verificar los saldos de las cuentas de sus clientes para hacer transacciones. Una empresa que no pudiera pagar la nómina de sus empleados seguramente enfrentaría protestas. Una casa de bolsa que no pudiera saber si los precios de las acciones están subiendo o bajando no podría sobrevivir mucho tiempo. La operación continua de los sistemas de información, sobre todo, aquellos que se definen como críticos para la empresa, es muy importante.

Los planes de continuidad de operación sirven para asegurar que la empresa pueda seguir operando a pesar de las dificultades técnicas que pudiera enfrentar. Un ejemplo sería el plan de continuidad de operación del estado de Colorado en él se indica que "La continuidad de las operaciones (COOP) es un esfuerzo dentro de los departamentos y agencias individuales para garantizar que las funciones esenciales de su misión se sigan realizando durante una amplia gama de emergencias, incluidos los eventos locales relacionados con el clima (tornados, inundaciones, tormentas de nieve, etc.), interrupciones temporales de energía, actividades de aplicación de la ley, actos de terrorismo, etc." [Colorado, 2019].

Entre los retos más comunes para los sistemas de información en las empresas se encuentran los problemas físicos. Un sistema podría dejar de operar por fallas en la energía eléctrica, una falla en las tuberías de agua que inunde el centro de cómputo, cortes en los cables de comunicaciones, o fallas en el equipo. Una forma de prevenir este tipo de problemas es con equipos y sistemas de respaldo Se puede contar con computadoras de repuesto listas para trabajar si alguna fallara, con sistemas de energía con baterías de emergencia o con sistemas redundantes de comunicación. Cuando la operación es crítica, algunas empresas han optado por tener dos sistemas iguales en diferentes partes del mundo. Si uno llegara a fallar, el otro tomaría el control.

Un segundo tipo de falla son los problemas con la información. Los datos se pueden borrar accidentalmente o los medios de almacenamiento se pueden dañar, haciendo imposible acceder a los datos. Una empresa se puede proteger de estos problemas con copias de la información actualizadas periódicamente de tal forma que, si hubiera una pérdida de información, se pudiera utilizar la información del último respaldo y perder solo unos minutos de trabajo.

Minicaso – tenemos un mensaje importante para usted, solo escriba su número de cuenta y password en esta página

La ingeniería social consiste en tratar de engañar a alguien para que proporcione información confidencial, como su número de usuario y password. Seguido se ven mensajes de correo diciendo que el banco necesita que acceda a información y que debe entrar a cierta página (proporcionando una liga) al entrar a esa liga, lo primero que piden es que se registre con su usuario y password. La página es falsa, una vez que una víctima escribe sus datos, el hacker ya tiene la llave para vaciar las cuentas bancarias de sus víctimas, o acceder a información confidencial. Es importante enseñar a los usuarios cómo identificar mensajes maliciosos y cómo evitar caer en esas trampas. Moraleja, si su banco necesita hablar con usted, no le de click a ninguna liga que venga en el mensaje, entre directo a la página del banco, llámelos por teléfono o acuda personalmente a su sucursal.

El tercer problema son los ataques informáticos. Un sistema puede ser vulnerado por ataques con virus informáticos; hackers que pretenden acceder a los datos mediante técnicas de ingeniería social; o software como spyware, o caballos de Troya. Un ataque cada vez más común es lo que se conoce como ransomware, donde un atacante cifra (encripta) los datos de una empresa haciendo imposible que opere, y pretende cobrar un rescate por entregar la llave para descifrar (des encriptar) los datos. Tres actividades importantes para proteger a la empresa de ataques informáticos son: instalando software antivirus y firewall; Contando con copias de respaldo de los datos; y capacitando a los empleados para que no caigan en los trucos de los hackers.

7.7.- Resumen

- El proceso para crear y poner en marcha (implementar) un sistema de información se conoce como el ciclo de vida de desarrollo de sistemas o Software Development Lice Cycle (SDLC por sus siglas en inglés).
- Las fases del ciclo de vida de desarrollo de sistemas son: análisis, diseño, construcción, pruebas, implementación, y mantenimiento
- Otra técnica es el desarrollo por prototipos, donde se diseña un sistema rápido que sirve de muestra y pasa por un proceso iterativo de revisión. Al final del proceso, dependiendo del tipo de prototipo fabricado, este puede ser el producto final o se puede convertir en las especificaciones para la fabricación formal de un sistema completo.
- Los usuarios finales pueden desarrollar sus propias aplicaciones. Es importante tener cuidado de que estas sigan protocolos de seguridad para evitar que la empresa dependa para su operación de sistemas inestables o sin respaldo.
- Durante el desarrollo de un nuevo sistema es muy importante el apoyo de la alta dirección y la participación de los usuarios
- La operación continua de los sistemas de información, sobre todos aquellos que se definen como críticos para la empresa, es muy importante.
- Entre los retos más comunes para los sistemas de información en las empresas se encuentran los problemas físicos, problemas con la información y ataques informáticos

7.8.- Ejercicios de repaso

Preguntas

1. ¿Qué es el ciclo de vida de desarrollo de sistemas?
2. ¿Cuáles son los pasos del ciclo de vida de desarrollo de sistemas?
3. ¿En qué fase del ciclo de vida se responde a la pregunta de qué es lo que va a hacer el nuevo sistema?
4. ¿Cuál es la diferencia entre automatizar y hacer una reingeniería de procesos?
5. ¿Cuál es el producto de la fase de diseño de un sistema?
6. ¿Qué es lo que se prueba durante la etapa de pruebas de un sistema?
7. ¿Cuáles son las tres formas de implantar un sistema y qué ventajas y desventajas trae cada una?

8. ¿Por qué es importante darle mantenimiento a un sistema?
9. ¿Qué es el diseño por prototipos y cuándo es conveniente utilizarlo?
10. ¿Qué ventajas y problemas puede presentar el desarrollo de aplicaciones por usuarios finales?
11. ¿Por qué es importante contar con el apoyo de la alta administración al realizar un proyecto de tecnología de información?
12. ¿Cómo se puede prevenir una posible pérdida de datos si se llegara a dañar un disco duro?
13. ¿Qué tipo de empresas requerirían tener instalaciones de procesamiento de datos redundantes (dobles)?

Ejercicios

1. Entrevista al encargado de tecnología en una empresa, pide que recuerde un proyecto exitoso y pregunta si alguno de los factores críticos mencionados en este capítulo ocurrió.
2. Entrevista al encargado de tecnología en una empresa, pregúntale si recuerda un proyecto que haya fallado y pregunta a qué se le puede atribuir la falla.
3. Describe un proyecto de reingeniería de procesos de negocio
4. Describe un proyecto de automatización

Capítulo 8

Herramientas de Administración de Proyectos y Administración de Riesgos

"055:55:20 Swigert: ...Tenemos un problema aquí. [Pausa.]

055:55:28 Lousma: Este es Houston. Repita eso, por favor.

055:55:35 Lovell: [Ruido.] Ah, Houston, tenemos un problema. Tenemos una baja de tensión en el BUS Principal B."

Astronautas a bordo del Apollo XIII reportando un incidente al Centro de Control de Misión en NASA, abril 1970, [Woods et al., 2017].

8.1.- Objetivos de aprendizaje
- Identificar los principales retos de la Gestión de Proyectos de TI
- Conocer las herramientas de gestión de proyectos
- Entender las ventajas y limitantes de una gráfica de Gantt
- Saber cómo utilizar un diagrama de PERT
- Poder aplicar el concepto de ruta crítica a la administración de proyectos
- Entender el concepto de administración de riesgos

8.2.- Herramientas para la administración de proyectos
Es común hablar de grandes proyectos de la historia. Las pirámides de Egipto, el Coliseo Romano, las grandes batallas de Napoleón, la conquista de la Nueva España. Sabemos que en cada gran proyecto hay uno o más coordinadores, encargados de la planeación y ejecución de los mismos y, aunque no conocemos el detalle de las herramientas de administración que se usaron en los grandes proyectos históricos, ha habido suficiente experiencia como para saber que hay ciertas actividades, herramientas y funciones, que promueven un proyecto exitoso.

El primer punto importante es definir un proyecto. Un proyecto es una serie de actividades orientados a alcanzar una meta. Todo proyecto tiene un punto de inicio y un final. Si las actividades no tienen un punto de terminación, entonces ya no hablamos de un proyecto sino de un trabajo y en esos casos se aplican principios administrativos diferentes.

Si un proyecto resulta muy grande para manejar, lo conveniente es dividirlo en actividades, o sub proyectos. Estos a su vez se pueden subdividir en actividades más específicas, hasta llegar a un punto donde cada actividad es manejable. El trabajo de un administrador de proyectos es asegurarse que cada actividad cuente con los recursos necesarios y se complete a tiempo para entregar el proyecto terminado en la fecha acordada.

Un proyecto informático, y de igual forma un proyecto de desarrollo de soluciones de inteligencia de negocios, es en sí mismo un proyecto y se debe administrar como tal. Es importante definir un punto de inicio, un punto de terminación, definir los sub componentes y asignar recursos y responsables a cada uno.

Las dos herramientas más utilizadas para ayudar a un líder a manejar las complejidades de un proyecto son las gráficas de Gantt y los diagramas PERT. Las Gráficas de Gantt listan las actividades de un proyecto y sus fechas de inicio y terminación en una gráfica de barras horizontal. Esa herramienta puede representar de forma gráfica los tiempos de cada actividad y los recursos necesarios en cada etapa. Los diagramas PERT (técnica de revisión y evaluación de programas o Program Evaluation and Review Technique por su origen en inglés) muestra actividades y sus dependencias, ayudando a identificar áreas de oportunidad y actividades a las que se debe prestar particular atención por ser parte de la ruta crítica, que son una serie de actividades que, de retrasarse un tiempo, causarían un cambio en la fecha de entrega final del proyecto.

8.3.- Gráficas de Gantt

La herramienta más conocida para administrar proyectos es la gráfica de Gantt. Esta representa una forma muy visual de analizar las etapas de un proyecto y ver su estado. La gráfica consiste en un modelo bidimensional donde el eje horizontal representa el tiempo y en el eje vertical se listan los nombres de las actividades que componen el proyecto. Cada actividad se representa como una barra horizontal, su punto de inicio coincide con la fecha de arranque de esa actividad y su longitud concuerda con su duración, por lo que su punto final marca la fecha esperada de terminación. La tabla 8.1 muestra una lista de actividades, la actividad de la que dependen (que tiene que terminar antes que ella) y la duración esperada. En base a esos datos se genera la gráfica de la figura 8.1, que muestra un ejemplo de una gráfica de Gantt

Tabla 8.1 – Ejemplo de las actividades de un proyecto con sus dependencias y duración

Nombre de la actividad	Requiere de	Duración
A	Nada	2
B	A	3
C	B	2
D	C	1
E	B	1
F	E	3
G	Nada	3
H	G	3
I	H	1

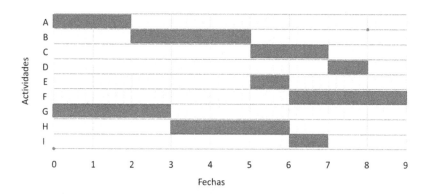

Figura 8.1 – Ejemplo de una gráfica de Gantt

Lo que se puede interpretar de la figura 8.1 es que hay 9 actividades identificadas en el proyecto, llamadas actividad A hasta actividad H. La actividad A y la actividad G pueden comenzar justo cuando inicia el proyecto. La última actividad, antes de completar el proyecto es la actividad F. Si todo funciona tal y cómo está planeado, el proyecto tomaría 9 días en terminar.

La gráfica también indica que hay actividades que ocurren al mismo tiempo, por ejemplo, la A, la G y parte de la B, por lo que, si cada una requiere un equipo dedicado, tendrían que ser tres equipos diferentes trabajando en el proyecto (al menos en esa etapa).

Si los procesos terminados se colorearan en verde al concluir, los procesos ya iniciados en azul; y si estuviéramos en el día 4, por ejemplo, la gráfica nos mostraría, de un solo vistazo, si todo va a tiempo o si hay algo retrasado, o adelantado, en nuestro proyecto.

Minicaso: Una herramienta de otro siglo

En 1896, un ingeniero polaco, que administraba una acerería al sur de Polinia comenzó a interesarse en ideas y técnicas para administrar proyectos que permitían visualizar actividades y tiempos. Sus ideas fueron publicadas en 1931 en polaco y ruso, dos idiomas poco conocidos en occidente. Para ese momento, un método similar ya había sido publicado y popularizado por Henry Gantt en 1910 y 1915. Hoy en día, este tipo de diagramas se conoce como gráficas de Gantt. Originalmente las gráficas se utilizaban para identificar los niveles de productividad de los empleados y ver quién era más, o menos, productivo. La moraleja de la historia: no es suficiente con inventar algo, también es importante darlo a conocer. [Gantt.com, 2021]

8.4.- Diagramas de PERT

Aunque las gráficas de Gantt muestran las actividades en el tiempo, no ilustran la dependencia entre actividades, ni qué pasaría si una actividad en particular se retrasara. Otra herramienta utilizada en la administración de proyectos que ayuda a identificar dependencias son los diagramas de PERT, que es una abreviación de su nombre en inglés: Program Evaluation and Review Technique (técnica de evaluación y revisión de programas). En este tipo de gráfica se ilustran las actividades en forma de nodos y la secuencia de estas como flechas que conectan una con la siguiente. Esto ayuda a entender si, para iniciar una actividad, se requiere que otra haya ya finalizado. Por ejemplo, no se puede poner el techo a una casa si no se han construido las paredes. La herramienta también sirve para identificar cuál es la ruta crítica, es decir la secuencia de actividades más larga, de tal forma que, si algo se retrasara en alguna de esas actividades, el proyecto se retrasaría.

Figura 8.2 – Elementos de un diagrama PERT

Hay cuatro elementos que forman un diagrama PERT: punto de inicio, punto final, nodo o actividad, y flecha. Los pasos para crear un diagrama PERT son:

1.- Dibuje la red de nodos del proyecto

2.- En cada nodo escriba el nombre de la actividad y su duración

3.- Calcule el tiempo de inicio y terminación más temprano de cada nodo comenzando con aquellos que dependen del punto de inicio

4.- Calcule el tiempo de término y de inicio más tarde de cada actividad comenzando por aquellas que terminan en el punto final

5.- Calcule la holgura de cada nodo (restando el punto de inicio más temprano del punto de inicio más tarde)

6.- Identifique la ruta crítica (los nodos que tienen cero holguras)

Figura 8.3 - Contenido de un nodo de actividad en un diagrama PERT

Un nodo de actividad se representa como un rectángulo e incluye, en la parte superior el nombre de la actividad. El siguiente renglón incluye el tiempo de inicio más temprano, la duración y el tiempo de terminación más temprana. El renglón inferior lista el tiempo de inicio más tarde, la holgura, y el tiempo de terminación más tarde.

Para crear la red de nodos del proyecto:

1.- Identifique qué actividades pueden iniciar justo cuando inicia el proyecto

2.- Coloque el punto de inicio

3.- Conecte la(s) actividad(es) iniciales con una fleca desde el nodo de inicio.

4.- Identifique qué actividades siguen a las actividades que acaba de colocar, póngalas en la gráfica y conéctelas

5.- Conecte la última(s) actividad(es) con el punto de terminación

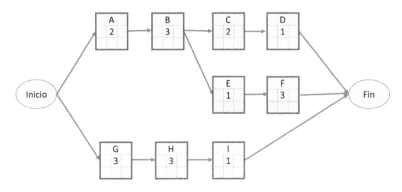

Figura 8.4 – Red de nodos del diagrama PERT de la tabla 8.1

Para calcular el tiempo más temprano de inicio y terminación:

El tiempo más temprano de inicio de los nodos que dependen del punto de inicio, es cero. El punto de terminación de esos nodos es la suma del tiempo temprano de inicio más la duración esperada de la actividad. El tiempo temprano de inicio de un nodo es igual al tiempo temprano de terminación del nodo que lo precede. SI dos nodos son necesarios para iniciar un tercero, el tiempo más temprano de inicio del nodo resultante será el tiempo de terminación de aquel nodo precedente que termine después. El tiempo de duración de un proyecto será el tiempo más tarde de terminación del nodo que conecte con el punto final.

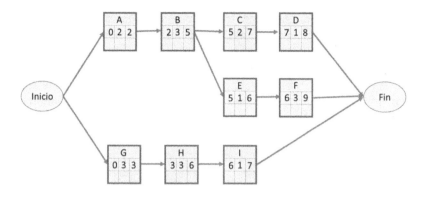

Figura 8.5 – Diagrama PERT de la tabla 8.1 con tiempos
tempranos de inicio y terminación

El tiempo de duración del proyecto (el tiempo más tarde de terminación del nodo
que conecte con el punto final) se convierte en el tiempo más tarde de
terminación de cualquier nodo que conecte directamente con el punto final. El
tiempo más tarde de inicio de cada nodo es la resta del tiempo más tarde de
terminación menos la duración de la actividad. Si dos nodos siguen a un mismo
nodo anterior, el tiempo más tarde de terminación del nodo anterior sería el
tiempo más corto de inicio de cualquiera de los nodos que le sigan (si un nodo
acaba después, aunque sea factible para algunos de sus sucesores, el nodo
con el tiempo más temprano ya no iniciaría a tiempo). Calcule la holgura de
cada nodo restando el punto de inicio más temprano del punto de inicio más
tarde.

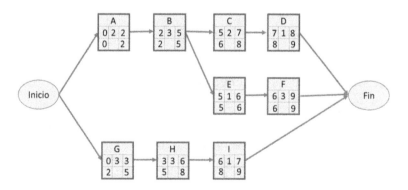

Figura 8.6 – Diagrama PERT de la tabla 8.1 con tiempos más
tarde de inicio y terminación

Algunos nodos pueden tener más holgura que otros. Esto no significa que cada nodo se podría retrasar. Si un nodo se retrasa, hay que recalcular los tiempos y holguras de todo el proyecto. Sin embargo, hay algunos nodos que tienen un valor de holgura de cero. Esto significa que esas actividades no se pueden retrasar en absoluto. Perder un día en alguna de esas actividades retrasaría la entrega final del proyecto por la misma cantidad. Los nodos que tienen holgura con valor de cero se conocen como ruta crítica.

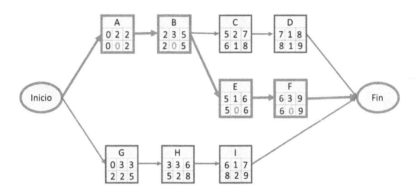

Figura 8.7 – Identificación de la ruta crítica del diagrama PERT de la tabla 8.1

De la figura 8.7 se puede deducir que la ruta más larga es la que ocupan las actividades A, B, E, y F con una duración total de 9 días, por lo que, si todo funciona como debe, el proyecto concluiría en 9 días. Si hubiera un problema con alguna de esas actividades, digamos que la actividad E se retrasara un día, entonces la fecha de entrega final del proyecto ahora se retrasaría un día.

Por otra parte, la ruta A, B, C, y D, no es crítica, lo que significa que, si el proceso C se retrasara un día, el proyecto todavía se podría completar en 9 días. De igual manera, en la ruta G, H, I, si alguna de esas actividades se retrasara uno, o incluso dos días, la fecha de entrega no se vería afectada.

Esto es importante porque se puede decidir, en caso de problemas, qué actividad debe recibir los recursos. Supongamos que las actividades I y F están activas al mismo tiempo y ambas requieren usar una computadora, pero solo hay una disponible, la segunda computadora llega mañana. El administrador debe asignar el equipo de cómputo a la actividad F (pues esa actividad es crítica, y no se puede retrasar) esta decisión causaría un retraso de un día en la actividad I, pero ese proceso puede tolerar ese retraso sin afectar la fecha de entrega final del proyecto. Este tipo de gráficas ayuda en algunas de las decisiones más difíciles de un administrador de proyectos.

Minicaso: Esa computadora era para mí

Uno de los beneficios de los diagramas PERT es que ayudan al director de proyecto a tomar decisiones difíciles en temas de asignación de recursos. Imagine un proyecto con dos actividades que ocurren al mismo tiempo Act1 y Act2. Ambas actividades requieren una computadora. Sin embargo, solo tenemos una computadora disponible, la segunda computadora llega hasta mañana. Si los diagramas PERT del proyecto mostraran que Act1 es parte de la ruta crítica, y que Act2 tiene holgura de al menos un día, un buen director de proyecto asignaría la computadora disponible a Act1, independientemente de quién hubiera sido el destinatario original. El responsable de Act2 va a reclamar su equipo. Explicará que su proceso se va a retrasar y que la responsabilidad deberá recaer en el director del proyecto. El director de proyecto podrá decir que es una decisión ejecutiva tomada para el bien del proyecto en general. Act2 puede esperar un día sin afectar el resultado final del proyecto, mientras que Act1 no se puede detener.

8.5.- Administración de riesgos

Todas las medidas de seguridad cuestan dinero o tiempo. Una computadora de repuesto, discos para respaldar al información o incluso cursos de capacitación para los empleados requieren recursos valiosos. Para decidir cuánto gastar en protección, y en qué utilizar los recursos de la empresa es necesario hacer un análisis de riesgos y costos.

La administración de riesgos consiste en tres pasos:

1. Identificación de riesgos
2. Calificación de riesgos
3. Mitigación de riesgos

Identificación de riesgos

En la primera fase se listan los riesgos a los que está expuesta la organización. Estos pueden representar riesgos para la empresa, sus productos o sus proyectos. Entre los riesgos a analizar estarían riesgos de tecnología, personas, organización, requerimientos o estimación de costos.

Calificación de riesgos

La siguiente fase consiste en analizar la probabilidad que uno de esos riesgos identificados ocurra, y el efecto que ese riesgo puede tener en la organización.

Esto se puede mapear en un cuadrante donde un eje es la probabilidad (alta, media o baja) y el otro el efecto (también alto, medio, o bajo). La figura 8.8 ilustra una tabla de análisis de exposición a riesgos.

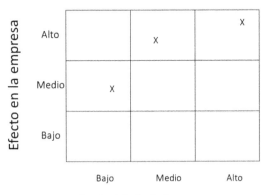

Probabilidad de que ocurra

Figura 8.8 -Tabla de análisis de exposición a riesgos

Mitigación de riesgos
Una vez calificados los riesgos, queda claro que hay riesgos más críticos que otros. Por ejemplo, algo altamente probable, que al ocurrir tendrá un efecto catastrófico en la empresa, es obviamente algo de lo que la empresa se debe cuidar y buscar eliminarlo, o al menos prepararse; mientras que algo poco probable y con un efecto bajo, es quizá un riesgo aceptable con el que se tratará cuando ocurra.

Los riesgos con alta probabilidad y efecto medio o alto, y los riesgos con alto efecto con probabilidades medias o altas, son riesgos no aceptables. Hay dos formas de tratarlos, la primera es reducir la probabilidad (invirtiendo en equipo de respaldo, por ejemplo) la otra es reducir el efecto (invirtiendo en copias de información o en procedimientos de emergencia)

Los riesgos con baja probabilidad y bajo efecto podrían ser aceptables y la empresa puede lidiar con ellos si llegaran a ocurrir.

Los riesgos medios requieren preparación en caso que ocurrieran (planear por adelantado qué hacer si llegaran a ocurrir). Pero quizá no ameriten invertir en equipo o materiales.

La figura 8.9 ilustra las zonas de mitigación y aceptación de riesgos.

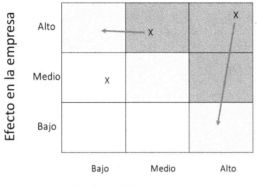

Figura 8.9 - Zonas de mitigación y aceptación de riesgos

8.6.- Integración de datos de administración de riesgos en el presupuesto de un proyecto

Para calcular el precio al que se debe vender un proyecto, es importante estimar todos sus costos. Un costo no considerado eventualmente tendría que ser cubierto y, si el precio cotizado es fijo, los costos no estimados deberían salir de las utilidades esperadas. Un proyecto con suficientes costos no estimados puede llegar a ser no rentable.

Inicialmente, el precio de un proyecto es el resultado de calcular sus costos y sumarle la utilidad esperada. Por ejemplo, si un proyecto requiere recursos y personal que tienen un costo de 80, y se quiere obtener una utilidad de 40, el precio final debería ser 120, y esto sería el precio si el proyecto no tuviera ningún riesgo.

Para estimar el costo que el riesgo agregaría al proyecto hay que identificar y calificar todos los riesgos del proyecto. Si hay algún riesgo con alto costo y alta probabilidad, es proyecto probablemente estaría condenado a fallar, por lo que no se debería ofrecer una cotización al cliente. Sin embargo, si es posible atenuar los riesgos altos con medidas de mitigación de efecto o probabilidad, entonces el costo de las medidas de mitigación se debe agregar al costo del proyecto. Suponiendo que, en nuestro proyecto con un precio de 120, se tuviera que invertir 15 para medidas de mitigación, entonces el precio ahora sería de 135.

Una vez integrados los costos de mitigación, es probable que queden algunos riesgos en niveles medios y bajos. Aunque estos riesgos generalmente no ponen en peligro el proyecto, si conllevan un costo. Un retraso de un día, o la reparación de un equipo, son costos que se deben cotizar en el proyecto. La forma de cotizar esto es, en base al nivel y número de fallas menores identificadas, se puede reservar un porcentaje del precio como seguro de accidentes. Si se llegara a necesitar usar algo de ese fondo, el proyecto estaría a salvo. Si sobrara dinero al final, el sobrante se acumula en una cuenta para otros proyectos que pudieran excederse en sus estimaciones. Este monto a agregar al precio final se llama costo de contingencia. Suponiendo que se estima un costo de contingencia del un 10%, entonces nuestro proyecto de 135 ahora costaría 148.5, y ese sería el precio a cotizar por el proyecto. Una cotización menor correría el riesgo de dejar al proyecto sin utilidades. La figura 8.10 muestra los elementos en la integración del cálculo del riesgo en el precio de un proyecto.

Costo de tiempo y materiales	80
Utilidad esperada	+ 40
Sub-total precio	120
Costo de mitigación	+ 15
Sub-total precio	135
Costo de contingencia	+ 13.5
Precio final	147.5

Figura 8.10 - Elementos en la integración del cálculo del riesgo en el precio de un proyecto

8.7.- Resumen

- El esfuerzo de desarrollo de un nuevo sistema de información se debe ver como un proyecto y se puede administrar usando las herramientas de administración de proyectos
- Entre las herramientas más comunes para administrar proyectos se encuentran las gráficas de Gantt y los diagramas de PERT
- La administración de riesgos ayuda a decidir cuánto gastar en protección, y en qué utilizar los recursos de la empresa. Consiste en tres pasos: identificación, calificación y mitigación de riesgos

8.8.- Ejercicios de repaso

1. ¿Cuál es la diferencia entre una gráfica de Gantt y un diagrama de PERT?
2. ¿Cómo se puede prevenir una posible pérdida de datos si se llegara a dañar un disco duro?
3. ¿Qué tipo de empresas requerirían tener instalaciones de procesamiento de datos redundantes (dobles)?
4. ¿Cuáles son los pasos del proceso de administración de riesgos?

Ejercicios

1. Eres el responsable de organizar un concierto de beneficencia de una banda muy conocida. El día del concierto se necesita realizar varias actividades:

Actividad	Requiere de	Duración
a.- abrir el salón	Nada	1 hora
b.- Instalar el sonido	A	3 horas
c.- Instalar la decoración del salón	A	4 horas
d.- Recibir a la banda en el aeropuerto	Nada	1 hora
e.- Llevar a la banda al salón	D	1 hora
f.- Hacer pruebas de sonido	B y E	2 horas
g.-Iniciar el concierto	C y F	3 horas

- Prepara una gráfica de Gantt de las actividades a realizar
- Prepara un diagrama de PERT de las actividades a realizar
- Si el concierto termina a las 11 de la noche, ¿cuándo es lo más tarde que se puede abrir el salón?
- ¿Cuándo es lo más tarde que se podría recoger a la banda en el aeropuerto?
- ¿Cuál sería la ruta crítica del día del concierto?

2. Visita un banco y observa bien lo que hay en el lobby frente a las cajas.
- Identifica un riesgo que exista y que el banco haya buscado disminuir
- ¿Si un riesgo es que se puede incendiar el edificio y causar la muerte de personas, qué medidas se podría tomar para reducir la probabilidad de que haya un incendio? ¿Cómo se podría reducir la posibilidad de que hubiera fatalidades?
- Identifica un riesgo que exista y que el banco haya decidido aceptar (que no tenga medidas para eliminarlo o reducir sus efectos)

Capítulo 9

Infraestructura Tecnológica

"Tan pronto como se complete, un hombre de negocios en Nueva York podrá dictar instrucciones y hacer que aparezcan instantáneamente escritas en su oficina en Londres o en cualquier otro lugar. Podrá llamar, desde su escritorio, y hablar con cualquier usuario telefónico del mundo, sin ningún cambio en el equipo existente. Un dispositivo muy económico, no más grande que un reloj, permitirá a su portador escuchar, en cualquier lugar en el mar o en tierra, música o canto, el discurso de un líder político, el discurso de un eminente hombre de ciencia o el sermón de un elocuente clérigo, aunque haya sido dictado en algún otro lugar, por distante que sea. De la misma manera, cualquier imagen, personaje, dibujo o impresión se puede transferir de un lugar a otro. Millones de tales instrumentos se pueden operar desde una sola planta de este tipo. Más importante que todo esto, sin embargo, será la transmisión de energía, sin cables, que se mostrará en una escala lo suficientemente grande como para transmitir certidumbre".

Nicola Tesla, "The Future of the Wireless Art", 1905.

9.1.- Objetivos de aprendizaje
- Identificar los componentes de una plataforma tecnológica
- Describir las partes y funcionamiento de la plataforma de hardware
- Describir las funciones de un sistema operativo
- Explicar la forma de operar del software de aplicación
- Entender las tres tecnologías clave de Internet
- Describir ventajas y desventajas del cómputo en la nube

9.2.- Componentes de una infraestructura tecnológica
Cuando hablamos de infraestructura tecnológica, es decir la plataforma necesaria para que pueda operar una aplicación de Inteligencia de negocios, se está hablando de mucho más que solo una computadora. El equipo de

cómputo (hardware) necesita una serie de programas que le muestran cómo operar (sistema operativo). Sobre el sistema operativo corren las aplicaciones (como los programas de Inteligencia de negocios). Sin embargo, para operar, las aplicaciones requieren de comunicación entre computadoras y con equipos en otras partes, lo que se logra con redes o mediante el Internet. La figura 9.1 muestra un esquema de los componentes de una plataforma tecnológica.

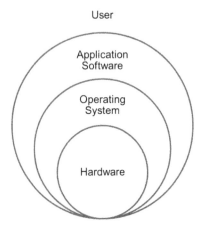

Figura 9.1 – Esquema de los componentes de una plataforma tecnológica

9.3.- Plataformas de hardware

El hardware es el equipo de cómputo donde se procesa a información. Una computadora tiene varios componentes: equipos de entrada y salida de datos, unidades de procesamiento, memoria y almacenamiento secundario. La figura 9.2 muestra un esquema general de una computadora.

Las unidades de entrada sirven para introducir información en el equipo. Una computadora normalmente cuenta con teclado, mouse, cámara y micrófono. Algunos equipos cuentan con pantallas sensibles al tacto o lectores de huellas digitales. Otros equipos que se pueden usar para meter datos a una computadora son escáneres, lectores de código de barras, o lectores de bandas magnéticas.

Las unidades de salida son la forma en la que obtenemos información desde la computadora. Las unidades de salida más comunes son las pantallas y las impresoras. Otras unidades de salida comunes son las bocinas con las que la computadora puede mandar señales (bips) o incluso reproducir algún audio.

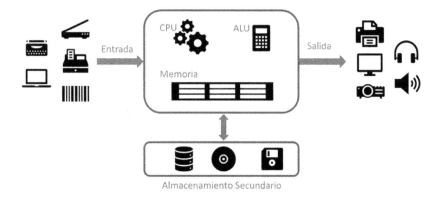

Figura 9.2 - Esquema general de una computadora

Hay unidades de salida más especializadas como robots con movimiento, o vibradores (para indicar en un dispositivo manual que la información se ha recibido).

Al interior de la unidad de procesamiento se encuentran tres componentes principales: la Unidad Central de Proceso o CPU (por sus siglas en inglés) la unidad lógica aritmética o ALU (por sus siglas en inglés) y la memoria principal. El CPU es quien mueve la información de un componente a otro, ordena al ALU realizar alguna operación o indica a la memoria dónde almacenar un valor. La ALU realiza operaciones matemáticas o comparaciones entre dos números que le son proporcionados por el CPU, regresando el resultado ahí mismo. La memoria principal es donde se almacena la información: datos y programas que corren en la computadora.

Un programa de cómputo son una serie de instrucciones que se almacenan en la memoria de la computadora. El CPU toma la primera instrucción y la ejecuta, luego pasa a la siguiente y así sucesivamente hasta terminar el programa.

Dado que en muchas computadoras la memoria principal requiere energía para operar, algunas veces es necesario guardar datos fuera de la computadora, en unidades de almacenamiento secundario como discos, cintas o memorias USB. La computadora tiene instrucciones de la forma de bajar un programa del almacenamiento secundario a la memoria principal para poder operar.

Hay varios factores que determinan la eficiencia de un equipo: la velocidad de procesamiento y la capacidad de memoria. Una computadora con una memoria limitada tiene que esperar a traer datos de las unidades de almacenamiento secundario para seguir operando.

Entre los fabricantes de microcomputadoras más comunes están Dell, HP, Apple, Lenovo. Hay fabricantes de computadores más poderosos como IBM o HP que se pueden usar en empresas grandes como centros de datos o para operaciones complejas.

9.4.- Sistemas operativos

El hardware por sí mismo no puede hacer muchas cosas, se necesitan programas para explicarle cómo mandar algo a imprimir o cómo mostrarlo en la pantalla. Esas instrucciones se llaman sistema operativo. Existen algunos sistemas operativos estándar diseñados para diferentes equipos, de esta forma, si queremos imprimir algo, solo hay que dar la orden al sistema operativo y este se encargará de enviar las órdenes correctas para el hardware que estemos utilizando.

Los sistemas operativos más comunes para PC's son Window y Mac OS X. En computadoras medianas y grandes hay sistemas como Unix o Linux; mientras que en equipos pequeños podemos ver Chrome, Android o iOS.

La ventaja de los sistemas operativos estándar es que, si un programa usa Windows, no es necesario cambiar nada si el programa va a operar en una computadora Dell o una HP.

9.5.- Software de aplicación

Arriba del sistema operativo corren las aplicaciones de software. Estos son los programas de cómputo que procesan la información. Algunos ejemplos son las aplicaciones empresariales como SAP, ORACLE o Microsoft Dynamics; los sistemas hechos a la medida, como la nómina o el inventario y las plataformas de bases de datos; y los paquetes como Word, Excel o Tableau.

El usuario trabaja con el software de aplicación y generalmente no tiene que preocuparse si cambia el equipo o incluso el sistema operativo.

9.6.- Internet

Una computadora aislada puede trabajar con la información que tiene en su memoria principal y la que puede acceder en su almacenamiento secundario. Algunas veces es necesario mover información desde otras computadoras en la misma oficina o del otro lado del mundo. Esto se ogra mediante redes de computadoras, que son conexiones entre equipos que les permiten intercambiar información. La red más importante hoy en día es Internet.

Internet es una arquitectura de comunicaciones que permite que diferentes redes de computadoras alrededor del mundo interactúen entre sí. Internet surge en los Estados Unidos en la década de 1970, pero no se popularizó sino hasta mediados de los 1990's. Para el año 2020, se estimaba que más de la mitad de la población de la tierra tenía acceso a Internet [Kahn & Dennis, 2020].

Internet se basa en tres tecnologías clave [Laudon & Traver, 2018]:

- Conmutación de paquetes
- Protocolo de comunicaciones TCP/IP
- Arquitectura de comunicaciones cliente-servidor.

Conmutación de paquetes, es un método para dividir los mensajes en unidades más pequeñas llamadas paquetes. Cada paquete contiene información de identificación que describe el tipo de información que contiene, qué parte del mensaje es, de dónde viene y cuál es su destino.

Cada paquete se envía por una ruta diferente. Al llegar a su destino, los paquetes son re- ensamblados y el mensaje original se ve completo en el equipo receptor.

La figura 9.3 muestra cómo la conmutación de paquetes consiste en que cada nodo envía cada paquete a la siguiente computadora en la red en la dirección del destinatario. La computadora que recibe el paquete, a su vez, reenvía el paquete a la siguiente en la dirección correcta, y así sucesivamente. Si una ruta está ocupada o una computadora no responde, el paquete se envía por una ruta alterna. Eventualmente todos los paquetes llegan a su destino, la computadora de destino reensambla el mensaje a partir de sus partes y emite un mensaje indicando que el paquete llegó. Si la computadora de origen no obtiene un recibo indicando que todos sus paquetes llegaron bien, simplemente reenvía el paquete al destinatario.

Figura 9.3 – Conmutación de paquetes

Al observar la figura 9.3 se pueden apreciar los orígenes militares de la red. Si un nodo llegara a ser deshabilitado por cualquier motivo, la red no dejaría de funcionar pues hay muchas formas de hacer llegar la información a su destino. Por eso, cuando hay algún problema o desastre natural en una ciudad y esta no puede transmitir información, la red no se detiene, los mensajes que normalmente se rutarían por ese punto simplemente se mandan por otra ruta sin necesidad de que los usuarios o administradores hagan nada especial.

Sin embargo, esta ventaja también se ha convertido en un problema. Así como un desastre natural no puede detener a Internet en forma sencilla, tampoco se puede detener por decreto de algún gobierno o institución. Los usuarios generalmente encuentran formas de sacarle la vuelta a cualquier barrera que se coloque. Se han documentado casos de revueltas populares coordinadas desde Internet que los gobiernos no han podido acallar en forma sencilla. Un ejemplo ocurrió en la primavera de 2011, donde protestas en diferentes países árabes culminaron con el derrocamiento de varios gobiernos de la zona, lo que se conoce como la primavera árabe [History, 2020].

Las noticias falsas son otro problema, al no haber una autoridad central, es casi imposible eliminar los mensajes, aunque contengan información intencionalmente errónea. De la misma forma, si alguien sube una fotografía impropia, es muy complicado eliminarla de la red.

Minicaso: "Fake news" noticias falsas y su influencia política

Las noticias falsas, conocidas también como "fake news" por su nombre en inglés, consisten en notas que aparentan ser reportajes reales, pero no tienen soporte ni fuentes sólidas. Estas aparecen con el surgimiento de las redes sociales,

Las noticias falsas se diseñan y emiten con la intención de engañar, o manipular a las personas; o para obtener ganancias económicas o políticas. Aunque el término se ha utilizado para intentar desacreditar noticias verídicas u opiniones contrarias.

El reto de las noticias falsas es discutido en una entrevista publicada por las Naciones Unidas [Dickinson, 2018] en: https://news.un.org/en/audio/2018/05/1008682

El segundo elemento, el protocolo de comunicaciones TCP/IP (Protocolo de Control de Transmisión/Protocolo Internet): establece el esquema de direccionamiento de paquetes, la forma en que se conectan las computadoras emisoras y receptoras, así como la forma en que se separa el mensaje en paquetes en la computadora emisora y se reensamblan los paquetes en la computadora receptora. El tercer elemento: la arquitectura de comunicaciones cliente-servidor es un modelo de cómputo donde una computadora (el cliente) se conecta con otra (el servidor) para pedirle información, minimizando la cantidad de datos que es transmitida usando las redes de comunicación.

El procesamiento de los datos ocurre en el servidor, lo único que viaja por la red es la solicitud del cliente y la página con la respuesta. De esta forma no es necesario enviar grandes cantidades de información, haciendo las comunicaciones más rápidas. Por ejemplo, si entras a la página de Google y tecleas la frase "Transformación Digital", Google responderá con un mensaje indicando que hay cerca de 80 millones de resultados y que esto se calculó en 0.64 segundos, seguido de los primeros 10 resultados de su lista. Lo que ha ocurrido es que la solicitud viajó a los computadores de Google. El servidor de Google hizo una búsqueda entre sus datos y respondió con la primera página. Esta información se puede enviar muy rápido a la computadora del cliente pues solo una frase viaja de ida y una página viaja de vuelta por la red, el resto de las casi 80 millones respuestas no se envían hasta que sean solicitadas. El usuario puede solicitar la página dos o tres y Google respondería con ellas.

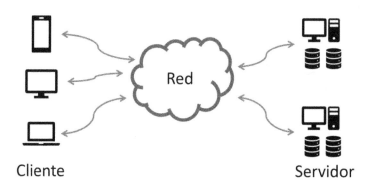

Figura 9.4 – Arquitectura cliente-servidor

La arquitectura de comunicaciones cliente-servidor da lugar a que la red responda en forma rápida y que se pueda utilizar con equipos clientes, aunque estos no necesariamente sean muy poderosos. Eso permite que computadoras personales, pero también tabletas, teléfonos e incluso aparatos de cocina puedan interactuar con la red sin necesidad de incluir costosos procesadores, mucha memoria, grandes capacidades de almacenamiento.

Hay muchos otros protocolos y programas que apoyan a Internet tales como los protocolos HTTP, SMTP, y FTP, así como aplicaciones de software.

9.7.- Cómputo en la nube

Un ejemplo de arquitectura cliente-servidor que se menciona en la sección anterior, es lo que se conoce como cómputo en la nube, donde el poder de cómputo y almacenamiento reside en grandes servidores de datos y el usuario puede acceder a estos desde casi cualquier lugar sin necesidad de sofisticados aparatos como cliente.

La ventaja del cómputo en la nube es que se puede brindar servicio a usuarios de manera casi inmediata. Una vez que una aplicación está colocada en la nube, agregar una oficina es cuestión de conectar la oficina a Internet y ya se tiene acceso a todo el poder de la aplicación sin necesidad de invertir en equipos costosos ni modificar instalaciones. Otra ventaja, cuando las aplicaciones son compartidas entre muchos usuarios, es que el costo de crear y operar las soluciones en la nube se distribuye entre muchos participantes, por lo que puede llegar a ser bastante económico.

Entre las desventajas de trabajar con soluciones en la nube es que se depende de una conexión de datos y si esta fallara no habría acceso a ninguna información. Otra desventaja citada por algunos usuarios es que se mueven datos que pueden resultar confidenciales en redes públicas, por lo que es importante medir los niveles de seguridad de estas aplicaciones antes de comprometerse a usarlas.

Miicaso – Salesforce, un sistema de CRM completo instalado en 15 minutos

Salesforce.com, Inc. es una empresa de San Francisco que construye y opera una plataforma de CRM en la nube. Los clientes pueden contratar sus servicios y operara una solución completa de CRM para su empresa pagando solo una renta mensual por cada usuario que quieran que tenga acceso a la plataforma. Para una empresa pequeña, donde una solución de CRM podría constar decenas de miles de dólares, usar Salesforce toma poco tiempo para arrancar, no requiere hardware adicional a una PC y una conexión a Internet y podría costar entre 50 y 200 dólares por mes, dependiendo del número de personas que necesitan que tengan acceso a la información. Puedes ver videos explicando el funcionamiento de la plataforma en la página de la empresa en Salesforce.com

---

9.8.- Resumen

- Los componentes de una infraestructura tecnológica son: Hardware, sistema operativo, programas de aplicación, y comunicaciones
- El hardware es el equipo de cómputo donde se procesa a información. Una computadora tiene varios componentes: equipos de entrada y salida de datos, unidades de procesamiento, memoria y almacenamiento secundario.
- El hardware por si mismo no puede hacer muchas cosas, se necesitan programas para explicarle cómo mandar algo a imprimir o cómo mostrarlo en la pantalla. Esas instrucciones se llaman sistema operativo.
- Arriba del sistema operativo corren las aplicaciones de software. Estos son los programas de cómputo que procesan la información.
- Internet es una arquitectura de comunicaciones que permite que diferentes redes de computadoras alrededor del mundo interactúen entre sí
- Internet se basa en tres tecnologías clave: conmutación de paquetes, protocolo de comunicaciones TCP/IP, y arquitectura de comunicaciones cliente-servidor
- Cómputo en la nube es una variante del modelo cliente-servidor donde el poder de cómputo y almacenamiento reside en grandes servidores de datos y el usuario puede acceder a estos desde casi cualquier lugar sin necesidad de sofisticados aparatos como cliente.

9.9.- Ejercicios de repaso

Preguntas

1. ¿Cuáles son los componentes de una arquitectura tecnológica?
2. ¿Qué es hardware?
3. ¿Cuáles son las partes principales de una computadora?
4. ¿Qué hace un sistema operativo?
5. Menciona algunos ejemplos de sistemas operativos
6. Menciona algunos ejemplos de aplicaciones de software
7. ¿Cuáles son las tres tecnologías clave de Internet?
8. ¿Qué ventajas ofrece el cómputo en la nube?
9. ¿Qué desventajas presenta el computo en la nube?

Ejercicios

1. Identifica unidades de entrada de una computadora
2. Lista al menos cinco unidades de salida de una computadora
3. Encuentra cuatro proveedores de hardware
4. Menciona dos marcas de computadoras diferentes que usen el mismo sistema operativo
5. Busca información de proveedores de soluciones de ERP en la nube

Módulo IV

La Industria de la Tecnología de Información

Capítulo 10

El Proceso de Compra de Tecnología

"Así pues, los buenos guerreros toman posición en un terreno en el que no pueden perder y no pasan por alto las condiciones que hacen a su adversario proclive a la derrota.

En consecuencia, un ejército victorioso gana primero y entabla la batalla después; un ejército derrotado lucha primero e intenta obtener la victoria después.

Esta es la diferencia entre los que tienen estrategia y los que no tienen planes premeditados."

Sun Tzu, "El Arte de la Guerra" Capítulo IV, Siglo Quinto antes de Cristo.

10.1.- Objetivos de aprendizaje

- Identificar las fases del proceso de adquisiciones
- Definir las actividades que ocurren durante la fase de reconocimiento de la necesidad
- Explicar cómo se formaliza un contrato
- Conocer qué es y cómo funciona una licitación pública
- Entender las responsabilidades de las partes durante la ejecución del contrato
- Conocer la importancia y el proceso de control de cambios

10.2.- Las fases del proceso de compras

El mercado de aplicaciones informáticas y tecnología de información en las empresas es un mercado muy lucrativo para muchas organizaciones especializadas en el desarrollo y distribución de soluciones informáticas.

Independientemente del tipo de empresa, el proceso de adquirir una pieza de hardware o software no inicia cuando se contacta a un proveedor o se publica una solicitud para cotización (request for proposal o RFP por sus siglas en inglés). El proceso comienza cuando se define la aplicación que se va a adquirir. Las tres fases del proceso de adquisiciones son [Alanís, 2020]:

1. Reconocimiento de la necesidad

2. Formalización del contrato

3. Administración del contrato

Durante la primera fase: reconocimiento de la necesidad, se definen los proyectos a adquirir y se preparan las especificaciones de lo que se busca adquirir (RFP). Es en esta fase donde se deben analizar las alternativas existentes en el mercado y tecnologías emergentes para diseñar una buena solución y se requiere experiencia preparando bases precisas que atraigan proveedores con soluciones de calidad a precios razonables.

La segunda fase: formalización del contrato, es generalmente un proceso muy rígido manejado por áreas especializadas en negociación o adquisiciones. Dependiendo del monto de la inversión requerida y las políticas de la empresa, la compra se puede hacer por adjudicación directa a un proveedor, pidiendo dos o más cotizaciones de proveedores diferentes, o incluso realizando una licitación pública, que es una ceremonia muy utilizada en organizaciones del gobierno, donde los proveedores entregan, en sobre cerrado, sus cotizaciones, que son abiertas públicamente y analizadas por cumplimiento de lo solicitado.

Una vez elegido un ganador, se procede a formalizar y ejecutar el contrato. Durante la ejecución del contrato se desarrolla el proyecto. Es importante tener cuidado con el control de cambios y notar que es posible buscar extensiones al contrato sin necesidad de licitaciones adicionales.

10.3.- Reconocimiento de la necesidad
Un proyecto puede detonarse por iniciativa de un usuario o por el área de tecnología. De cualquier forma, es importante que se involucren los usuarios en la definición de las necesidades y exploración de posibles soluciones.

Si se sigue el método del ciclo de vida de desarrollo de sistemas descrito arriba, el reconocimiento de la necesidad corresponde a las fases de análisis y diseño del proyecto. En esta etapa, es importante explorar alternativas, analizar el mercado y probar diferentes soluciones antes de decidir en un diseño final.

En muchos casos, el reconocimiento de la necesidad es solo un diagnóstico inicial para justificar la asignación de recursos para el análisis y diseño de una solución. De cualquier forma, se requiere un estimado del tamaño del problema (costos y beneficios esperados) para poder alinear el proyecto frente a otros proyectos que compitan por recursos en esta etapa.

10.4.- Formalización del contrato

Ya que se tiene una idea de lo que se busca adquirir, sea un desarrollo a la medida, un paquete, o utilizar una aplicación en la nube, el siguiente paso es contactar a proveedores para ver sus capacidades y ofertas.

Una forma de llamar a un proveedor es emitiendo una solicitud de propuesta (Request for Proposal, o RFP por sus siglas en inglés). Este documento puede ser tan sencillo como una llamada telefónica o un correo electrónico indicando el tipo de solución que se busca. El RFP puede estar dirigido a una empresa en específico, o abierto a todo el mercado. El proveedor asigna a un líder comercial que se entrevista con la empresa para preparar la propuesta solicitada.

Durante esta fase inicial, se puede ir afinando los requerimientos de la solución y conociendo el potencial de los proveedores. Es posible trabajar en el mismo proyecto con más de un proveedor mientras ellos entiendan que se está trabajando con varias empresas y que no hay una decisión ni compromiso definitivo de ninguna de las partes sino hasta que se firme un contrato. También es común solicitar la forma de un acuerdo de confidencialidad (non disclosure agreement o NDA por sus siglas en inglés) para que la información privilegiada que se pueda compartir en estas etapas esté protegida.

La compra normalmente la realiza un área especializada en negociación y adquisiciones. Ellos, dependiendo del monto, pueden adquirir la solución definida con el proveedor recomendado, o pedir que se busquen más cotizaciones de proveedores diferentes. Normalmente buscarían demostrar que el proveedor seleccionado es el más conveniente para la empresa.

En organizaciones muy formales, como entidades públicas, donde las adquisiciones se rigen por un conjunto de leyes muy estrictas, las inversiones mayores se deben adquirir vía una licitación pública.

En los Estados Unidos, la mayoría de las adquisiciones del gobierno federal se rigen por el Reglamento de Adquisición Federal. En Canadá, los contratos se rigen por el Reglamento de Contratos del Gobierno, cuyo objetivo es garantizar que las agencias gubernamentales en Canadá "obtengan el mejor valor para los canadienses mientras mejoran el acceso, la competencia y la equidad" [Government of Canada 2018].

En México, las compras del gobierno son tema de la Constitución Política del país, que en su artículo 134 dice:

"Las adquisiciones, arrendamientos y enajenaciones de todo tipo de bienes, prestación de servicios de cualquier naturaleza y la contratación de obra que realicen, se adjudicarán o llevarán a cabo a través de licitaciones públicas mediante convocatoria pública para que libremente se presenten proposiciones solventes en sobre cerrado, que será abierto públicamente, a fin de asegurar al Estado las mejores condiciones disponibles en cuanto a precio, calidad, financiamiento, oportunidad y demás circunstancias pertinentes.

Cuando las licitaciones a que hace referencia el párrafo anterior no sean idóneas para asegurar dichas condiciones, las leyes establecerán las bases, procedimientos, reglas, requisitos y demás elementos para acreditar la economía, eficacia, eficiencia, imparcialidad y honradez que aseguren las mejores condiciones para el Estado."

H. Congreso de la Unión, "Constitución Política de los Estados Unidos Mexicanos", Art. 134

El artículo 134 se operacionaliza, a nivel federal, en la Ley de Adquisiciones, Arrendamientos y Servicios del Sector Público [Cámara de Diputados del H. Congreso de la Unión, 2014]. Las diferentes agencias en diferentes estados y países tienen sus propias leyes, pero los procesos son similares en alcance y propósito. La figura 9.1 muestra los pasos para una licitación pública en el gobierno.

Figura 10.1 - Pasos para una licitación pública en el gobierno

10.5.- Ejecución del contrato

Teniendo un proveedor seleccionado y un contrato firmado, la responsabilidad regresa al área de desarrollo que está manejando el proyecto. Es importante conocer bien los alcances del contrato. El proveedor se compromete a ciertas fechas de entrega y el cliente se compromete a proporcionar ciertas facilidades y equipos para agilizar el trabajo.

El cliente es responsable de supervisar que el producto recibido cumpla con las especificaciones solicitadas y esté completo, con los manuales y capacitación que se haya acordado en el contrato.

Conforme se avance en el proyecto se deberán realizar los reportes al área de compras para que se tramiten los pagos parciales correspondientes al proveedor.

Algunas veces, durante la ejecución de un contrato, surgen cambios o áreas de oportunidad que no habían sido previstas en la fase de definición de la necesidad o la firma del contrato. Es importante evaluar estas modificaciones pues pueden afectar el costo o tiempo de entrega del proyecto final. La forma de manejar los cambios es con un procedimiento de control de cambios donde:

1. El área que identifica la oportunidad llena un formato describiendo el cambio solicitado
2. La dirección del proyecto evalúa la pertinencia de solicitar el cambio al proveedor
3. El proveedor analiza el cambio y decide si analizar la propuesta o rechazarla
4. El proveedor analiza el cambio solicitado e identifica su efecto en precio y fechas de entrega
5. El proveedor entrega la propuesta de cambio (con costos y tiempos) a la dirección del proyecto
6. La dirección del proyecto decide si aceptar, o no, la ejecución del cambio, escribiendo un nuevo contrato o un adendum al contrato vigente.

Minicaso: ¿quién da un mejor servicio?

Cuando un coche ya tiene años de uso, es común que falle por desgaste de piezas. Hay historias de horror y buenos ejemplos cuando se habla de mecánicos. Dos historias diferentes son:

El usuario uno lleva el coche con su mecánico el miércoles, el taller le pide que deje su coche para revisión y llame por la tarde. Esa tarde el taller no tiene datos, pero le dice que el jueves por la mañana le dan una cotización. El cliente recibe su cotización el jueves a medio día. La aprueba y le prometen el coche el sábado por la mañana, pero no cumplen. El coche finalmente está listo hasta el martes.

En el caso dos, el usuario lleva su coche con el mecánico el miércoles, el taller le pide que deje el coche para revisión y le promete una cotización para el día siguiente por la tarde. A mediodía del jueves el cliente recibe la cotización que dice que hay que pedir piezas faltantes, que estas llegan el lunes, se instalan el martes y que el coche estaría listo el siguiente miércoles. El lunes por la tarde el mecánico llama al cliente y le informa que su coche estará casi listo y que lo podrá recoger el martes (un día antes de lo prometido).

Ambos talleres tardaron lo mismo. ¿Quién dio un mejor servicio?

10.6.- Entrega del proyecto

Un proyecto no está completo hasta que lo tiene el usuario y no requiere de nadie del proveedor o del área de tecnología para hacer modificaciones al software para que opere correctamente. Para llegar a este punto es importante haber probado bien todos los componentes de forma independiente y en su conjunto. También es crítico completar el entrenamiento a los usuarios finales en el uso del sistema.

La fase de implementación es tan importante para un proyecto como la construcción misma. No importa si un proyecto está bien hecho, si el usuario no sabe qué hacer con él, el proyecto no funciona.

Cuando el proveedor ha cumplido con todo lo estipulado en el contrato, el área que dirige el proyecto firma una carta de aceptación y la turna al área de compras para el pago final del contrato.

En este momento comienza a correr el período de garantía y se pueden firmar contratos de mantenimiento para asegurar la operación continua de la aplicación adquirida.

10.7.- Resumen

- Las tres fases del proceso de adquisiciones son: reconocimiento de la necesidad, formalización del contrato, y administración del contrato
- Durante el reconocimiento de la necesidad, se definen los proyectos a adquirir y se preparan las especificaciones de lo que se busca adquirir
- Formalización del contrato, es generalmente un proceso muy rígido manejado por áreas especializadas en negociación o adquisiciones
- En organizaciones muy formales, como entidades públicas, donde las adquisiciones se rigen por un conjunto de leyes muy estrictas, las inversiones mayores se deben adquirir vía una licitación pública.
- Durante la ejecución del contrato se desarrolla el proyecto.
- El cliente es responsable de supervisar que el producto recibido cumpla con las especificaciones solicitadas y esté completo, con los manuales y capacitación que se haya acordado en el contrato.
- Es importante evaluar formalmente las modificaciones al proyecto que puedan surgir luego de la firma del contrato, pues pueden afectar el costo o tiempo de entrega del proyecto final.

10.8.- Ejercicios de repaso

Preguntas

1. ¿Cuáles son las tres fases del proceso de adquisiciones?
2. ¿En qué etapa del ciclo de vida de sistemas ocurre el reconocimiento de la necesidad?
3. ¿Por qué se necesita un área especializada en algunas organizaciones para la formalización del contrato?
4. ¿Qué tipo de seguimiento se le debe dar al proveedor durante la ejecución del contrato?
5. ¿Qué es el control d cambios y porqué es importante?

Ejercicios

1. Encuentra un contrato de tecnología en Internet identifica lo siguiente:
    - ¿Cuál es el objeto del contrato?
    - ¿Quiénes son las partes?
    - ¿Qué cláusulas tiene el contrato?

2. Busca las bases de una licitación pública
- ¿Qué se está adquiriendo?
- ¿Cuáles son las fechas de la licitación y sus eventos?
- ¿Qué requisitos hay del proveedor?

Capítulo 11

El Papel de los Socios Tecnológicos y las Certificaciones de Calidad en la Operación

"Todo individuo trabaja necesariamente para hacer que los ingresos anuales de la sociedad sean tan grandes como pueda. De hecho, en general, no tiene la intención de promover el interés público, ni sabe cuánto lo está promoviendo. Sólo pretende su propio beneficio, y en este, como en muchos otros casos, es guiado por una mano invisible para promover un fin que no formaba parte de su intención. Al perseguir su propio interés, con frecuencia promueve el de la sociedad de manera más eficaz que cuando realmente tiene la intención de promoverlo."

Adam Smith, "The Wealth of Nations" 1776.

11.1.- Objetivos de aprendizaje

- Identificar las fases del proceso de adquisición de tecnología
- Reconocer las herramientas disponibles de los proveedores de tecnología para apoyar el monitoreo tecnológico
- Reconocer los diferentes roles que puede jugar un socio tecnológico en la definición, desarrollo y operación de proyectos
- Entender el valor de las certificaciones de calidad
- Apreciar el valor de tratar a colegas con respeto y honestidad

11.2.- Las fases del proceso de compras

Como se discute en capítulos anteriores, el proceso de adquirir una pieza de hardware o software no inicia cuando se contacta a un proveedor o se publica una solicitud para cotización (request for proposal o RFP por sus siglas en inglés). El proceso comienza cuando se define la aplicación que se va a adquirir. Las tres fases del proceso de adquisiciones son [Alanís, 2020]:

1. Reconocimiento de la necesidad

2. Formalización del contrato

3. Administración del contrato

Si un proveedor se entera de un proyecto cuando se publica un RFP (en la fase de formalización del contrato) es muy probable que las especificaciones de la licitación sean para una tecnología diferente a la suya, o donde no se tenga una ventaja competitiva.

Es por lo tanto muy importante, para los proveedores de tecnología, buscar involucrarse con sus clientes desde la etapa de reconocimiento de la necesidad, para buscar que la solución que la empresa planea adquirir, se ajuste al producto que la empresa está mejor preparada para suministrar. Adicionalmente, esto se debe lograr sin violar ninguna ley, caer en conflictos de intereses, ni incurrir en actos de corrupción.

Minicaso – Podemos comprar cualquier marca de equipo mientras sea igual al modelo 6394 de este proveedor

Si un cliente potencial manda un RFP solicitando información de precios para equipos de cualquier marca, pero al momento de describir las capacidades de esos equipos está describiendo el equipo de un competidor, entonces muy probablemente su competidor tendrá la ventaja al momento de ofrecer productos a mejores precios.

Por ejemplo, los documentos para la compra de equipo de cómputo para una oficina de gobierno indicaban que podía ser cualquier computadora, pero con procesador Intel 6700, cuatro puertos USB 3.0, y otra serie de especificaciones. Lo más interesante es que el equipo debía medir 50.8x30.5x5.08 centímetros y pesar exactamente 2.7 kilogramos.

Si su empresa hubiera trabajado con ese cliente potencial antes de que este lanzara su RFP, quizá las especificaciones hubieran sido más generales, o iguales a las de su producto.

11.3.- Identificación de oportunidades y monitoreo tecnológico

En la mayoría de los casos, el reconocimiento de la necesidad comienza con el monitoreo tecnológico. En muchas empresas no existe un área específica encargada de esta función, o es un departamento que generalmente está corto en recursos y presupuesto. Aquí es donde las visitas del proveedor y la documentación disponible pueden ayudar a la empresa a identificar oportunidades que eventualmente se puedan convertir en proyectos.

Es posible que un proveedor apoye en la identificación de oportunidades con alguna de las siguientes actividades:

- Publicación de folletos informativos describiendo la tecnología
- Publicación de casos de estudio
- Organización de grupos de discusión
- Organización de conferencias
- Visitas a las áreas de Tecnología de las empresas
- Relación con las áreas usuarias
- Publicación de benchmarks de la industria

11.4.- Apoyo en la definición de proyectos

La generación de las bases de una licitación o del RFP (Request for Proposal) es un proceso largo y delicado, pues un error puede provocar que se adquiera la solución equivocada o incluso que se viole alguna ley.

La preparación de RFP's es un proceso que puede requerir de asesores. La consultoría en la preparación de bases de licitación puede ser un área de oportunidad de negocio para empresas de tecnología. Sin embargo, en algunos casos, cuando la organización no cuenta con presupuestos para pagar por consultores para la preparación de bases, puede ser de interés del proveedor el proporcionar toda la información y asesoría que requiera su cliente para preparar el documento, con miras a que el producto final se ajuste mejor a las soluciones donde el proveedor tenga ventajas competitivas, en precio o calidad, sobre los competidores.

11.5.- Roles de socios tecnológicos

Una empresa proveedora de servicios tecnológicos (ya sea hardware, software, aplicaciones, consultoría, o soluciones) puede jugar diferentes roles en los proyectos informáticos de sus clientes. Algunas veces los trabajos se pueden desarrollar en un esquema de asesoría y ser remunerados, en otras ocasiones el trabajo se debe hacer sin compensación, buscando ya sea afianzar una relación de confianza o un beneficio a largo plazo para vender una solución más adelante.

Los principales roles que puede ocupar un socio tecnológico son:

1. Como asesor
2. Como supervisor técnico de un proyecto
3. Como integrador de una solución
4. Como desarrollador o constructor de un proyecto o módulo

El detalle de cada rol se describe a continuación

Como asesor (pagado o sin paga)

Una empresa puede convertirse en asesor de una organización y brindar recomendaciones, buscar información, diseñar soluciones o incluso capacitación a usuarios finales. Si el servicio se remunerado (puede ser a precio fijo o a tiempo y materiales), la empresa consultora no podrá involucrarse en la implementación de los proyectos que está asesorando ni cobrar "finders fee" a los proveedores ganadores de dichos contratos. Si el servicio es *pro bono*, la empresa puede involucrarse en la implementación, compitiendo con otros proveedores en el proceso de adquisición, y se esperaría que tuviera una ventaja por conocer mejor el proyecto y porque este se ajustaría mejor a las soluciones que normalmente comercializa.

Como supervisor técnico de un proyecto (con paga)

El trabajo de supervisión técnica consiste en apoyar a la organización en las etapas de reconocimiento, formalización y administración de un contrato. En esta función, la empresa proveedora representa los intereses de la organización cliente, normalmente sería una actividad remunerada (ya sea a precio fijo o a tiempo y materiales), y el supervisor técnico tendría prohibido participar en la ejecución del proyecto para evitar un posible conflicto de intereses.

Como integrador de una solución (con paga)

El rol de integrador de soluciones es una función bien definida en la práctica de desarrollo de sistemas de información. La complejidad de las tecnologías y la variedad de especialistas requeridos, hacen que la función de un integrador pueda resultar muy valiosa para una organización que no cuente con los recursos humanos especializados con suficiente experiencia para garantizar el éxito del proyecto. En algunos casos, el integrador subcontrata los servicios del resto de los proveedores, en otras, su función es simplemente coordinar diferentes empresas. De cualquier forma, el trabajo de un integrador es remunerado (ya sea directamente por el cliente o por otros proveedores, y generalmente a precio fijo) pues asume los riesgos de fallas y problemas de implementación e integración de soluciones.

Como desarrollador o constructor de un proyecto o módulo
Otro papel bien reconocido en la industria es el de desarrollador o constructor de un proyecto. Esta función es igual a la de integrador de soluciones desde el punto de vista que se cobra por entregar una solución completa. Generalmente, los contratos de empresas son a precio fijo definidos desde el inicio del proyecto.

11.6.- Certificaciones y estándares internacionales de calidad

La ejecución de los planes de TI es un problema importante para muchas organizaciones. La mayoría de los desarrollos de TIC representa funciones críticas para las empresas que los contratan. Sin embargo, el desarrollo de estas soluciones es un proceso complejo, muy costoso y altamente dependiente en el factor humano.

En un estudio de 8,000 proyectos de desarrollo de software en EEUU se detectó que 31% de ellos fueron cancelados, 53% excedieron sus costos en más de 180%, y solamente 9% de los proyectos en grandes empresas y 16% en pequeñas terminaron en tiempo y en presupuesto [Dominguez 2009].

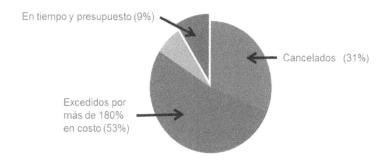

Figura 11.1 – Porcentaje de proyectos de TI entregados en tiempo y presupuesto [Domínguez, 2009]

Algunos estudios muestran que el seguir los pasos correctos puede resultar en una reducción de errores en los desarrollos que varían de entre 1.05 errores por millar de líneas a 0.06 errores por millar, y una mejora en productividad que puede llegar hasta entre un 30% y 70%.

Figura 11.2 – El valor de las certificaciones

¿Qué es una certificación de calidad?
- Un certificado de calidad es aquel en el que una entidad de certificación declara la conformidad de un producto, un servicio o un sistema de gestión con una determinada norma o proceso de referencia; o el dominio un especialista sobre cierta tecnología.

¿Qué beneficios proporciona?
- Poseer una distinción de excelencia de una marca reconocida que los clientes buscan
- Diferenciarse en un mercado saturado
- Generar credibilidad con sus clientes y proveedores
- Ejecutar sus tareas con confianza y habilidad
- Demostrar su experiencia y sus conocimientos a través de un riguroso proceso de pruebas
- Poseer una acreditación aplicable a nivel mundial que puede llevar a obtener mayores tasas de facturación
- Demostrar poseer habilidades para dirigir, así como ejecutar, tareas y proyectos

Los resultados de aplicar los estándares son tan dramáticos que, en algunos sectores, las empresas contratantes ven con ojos favorables a aquellos proveedores que cumplen con dichas normas, llegando al extremo de exigir una certificación independiente que asegure que el proveedor cumple con estándares de calidad especificados (como por ejemplo estar certificados CMM a cierto nivel o tener cierta certificación de ISO).

Dos retos importantes para empresas de tecnologías de información Latinoamericanas que desean exportar sus productos o brindar sus servicios en los mercados locales, en los de Estados Unidos, o en Europa son:
- obtener el grado de calidad requerido por esos mercados; y
- crear credibilidad y confianza por parte de los clientes potenciales.

Modelo general de certificaciones:

Una certificación de calidad es aquella donde una entidad de certificación declara la conformidad de un producto, un servicio o un sistema de gestión con una determinada norma o proceso de referencia; o la capacidad de un individuo para explotar cierta tecnología.

Existen dos grupos generales de certificaciones:
- aquellas que certifican individuos y sus habilidades, y
- aquellas que certifican procesos u organizaciones.

El proceso básico que siguen las certificaciones individuales consiste en la capacitación de la persona y la certificación de su conocimiento ya sea mediante un examen o la documentación de las capacidades individuales.

En las certificaciones de empresas generalmente el proceso incluye el diseño de los procedimientos, la implantación de los mismos, la visita de inspección de una entidad certificadora externa y la certificación.

Cuando se trata de certificar los conocimientos o capacidades de un individuo, los pasos son generalmente la identificación del conocimiento deseado, el adquirir ese conocimiento (ya sea mediante cursos, autoestudio o experiencia profesional) y la validación de que se posee el conocimiento al nivel esperado. Esto generalmente se logra mediante la presentación de un examen, aunque hay casos en el que se hace resolviendo un problema práctico o simplemente mostrando resultados del desempeño en proyectos terminados. Esto varía según el tipo de tecnología y las necesidades de la entidad certificadora.

Existen diferentes instituciones que proporcionan marcos de referencia e incluso certificaciones en los diferentes aspectos del Gobierno Corporativo de TI. La siguiente tabla adaptada del libro de Gad Selig "Implementing IT Governance" [Selig, 2008] muestra diferentes modelos, su aplicación y la entidad que los emite.

Modelo	Uso General	Fuente
COBIT	control de objetivos ed TI	ITGI (IT Governance Institute)
ITIM	adminsitración de inversiones de TI	GSA (General Services Administration)
Kano	requerimientos y necesidades de los clientes	Kano
CMMI	desarrollo de sisetmas y software, integración de sistemas	SEI (Software Engineering Institute)
Balanced Scorecard	esquema de mediciones corporativas	Kaplan Norton
e-Sourcing Capability Model	Sourcing	Itsqc (IT Services Qualification Center)
People - CMM (P-CMM)	manejo de activos humanos	SEI
ISO 9001:2000	administración de calidad	ISO (International Standards Organization)
Six Sigma	administración de calidad y mejora de procesos	Motorola
ISO / IEC 17799 y 27001	administracion de seguridad	ISO (International Standards Organization)
ISO 20000/ BS 15000 / ITIL	Infraestructura de TI, adminsitración de servicios y operaciones	ISO / British Standard Organization / ITSMF
PMBOL / OPM3 / PMMM / PRINCE2	administración de programas y proyectos	PMI (Project Management Institute)
OPBOK	outsourcing	IAOP (International Association of Outsourcing)
Generic Framework for IT Management	administración de TI	University of Amsterdam and Henderson and Venkatraman

Figura 11.3 – Diferentes modelos de certificación de calidad de TI

11.7.- La carrera de un especialista en tecnología

Durante el desarrollo profesional de un especialista, probablemente este cambie de trabajos, empresas y puestos varias veces. Es común que una persona trabaje para una empresa de servicios de tecnología, como proveedor, atendiendo clientes en diferentes áreas; y luego, mediante un acuerdo entre la empresa para la que trabaja y alguno de sus clientes, sea transferido a una empresa de producción y se convierta en cliente. Cambios en la otra dirección también ocurren con frecuencia.

Desde el punto de vista del proveedor, es muy importante entender las motivaciones y forma de operar de sus clientes. De igual forma, desde el punto de vista del cliente, conocer cómo funcionan sus proveedores puede representar una ventaja al momento de negociar o buscar mejores soluciones.

Finalmente, es importante tratar con respeto y honestidad a colegas ya sean clientes, proveedores o competidores. Eso hará de nuestra disciplina un área donde sea un gusto trabajar. Además, uno nunca sabe si algún día las posiciones se verán invertidas.

11.8.- Resumen

Entender el papel que pueden jugar los socios tecnológicos es crucial pues permite aprovechar recursos externos para buscar mejores soluciones para la organización y al mismo tiempo evita que se violen las leyes o se caiga en conflicto de intereses.

Para un proveedor, es importante reconocer el tipo de involucramiento que puede tener con un cliente y planear sus procesos de preventa y venta de productos y servicios.

11.9.- Ejercicios de repaso

Preguntas

1. ¿Cuáles son las fases del proceso de adquisición de tecnología?
2. ¿En qué etapa del proceso de adquisición de tecnología le convendría a un proveedor involucrarse con un cliente potencial?
3. ¿Qué es un RFP?
4. ¿Qué opciones hay, además de la compra directa, para adquirir tecnología con un proveedor?
5. ¿Qué roles puede jugar un socio tecnológico con un cliente durante su proceso de adquisición de tecnología?

Ejercicios

1. Nombre cinco socios tecnológicos potenciales para una empresa
2. Identifique algunas actividades (conferencias, demostraciones, casos, etc.) disponible de empresas proveedoras de tecnología
3. Investigue al menos dos certificaciones para empresas en el área de desarrollo de tecnología. ¿Quién las otorga? ¿Para qué sirven? ¿Cómo se obtienen?
4. Busque un RFP de un cliente de tecnología
5. Identifique un RFP que solicite cierta certificación de calidad de parte del proveedor
6. Localice al menos dos proveedores que tengan alguna certificación de calidad.
7. Identifique y describa al menos dos certificaciones profesionales que puede obtener un especialista en tecnología y defina los requisitos de cada una.

Capítulo 12

Tecnologías Emergentes en Inteligencia de Negocios

"Don Hilarión: El aceite de ricino ya no es malo de tomar.
Don Sebastián: ¿Pues cómo?
Don Hilarión: Se administra en pildoritas y el efecto es siempre igual.
Don Sebastián: Hoy las ciencias adelantan que es una barbaridad.
Don Hilarión: ¡Es una brutalidad!
Don Sebastián: ¡Es una bestialidad!"

"La Verbena de la Paloma" Cuadro Primero, Ricardo de la Vega y Tomás Bretón, 1894.

12.1.- Objetivos de aprendizaje
- Poder interpretar los Hype Cycles de Gartner
- Identificar diferentes tecnologías de inteligencia de negocios en diferentes etapas del Hype Cycle
- Entender, en términos generales, qué son las técnicas de Inteligencia Artificial
- Conocer algunas técnicas de Inteligencia Artificial como: sistemas expertos, aprendizaje computacional y procesamiento de lenguaje natural
- Entender cómo las técnicas de Inteligencia Artificial se pueden usar en aplicaciones de la industria
- Conocer qué es una criptomoneda
- Conocer las ventajas y desventajas de usar criptomonedas para intercambiar valor
- Analizar diferentes aplicaciones de blockchain en la industria

12.2 – Los Hype Cycles de Gartner

Gartner Inc. Es una empresa fundada en 1979 dedicada a proporcionar información de resultados de investigaciones a especialistas en tecnología y otras áreas en las organizaciones [Gartner, 2021]. Entre los productos de la empresa se encuentran los cuadrantes mágicos (magic cuadrants) y los ciclos de sobreexpectación (Hype Cycles).

Los cuadrantes mágicos analizan diferentes empresas y productos en base a su habilidad de ejecución y su visión, catalogando aquellos que puedan resultar más atractivos en cada tecnología. Un cuadrante mágico cataloga a los participantes como líderes, retadores, visionarios o jugadores de nicho.

Los ciclos de sobreexpectación (Hype Cycles) mapean en una gráfica el ciclo de madurez, adopción y aplicación social de diferentes tecnologías. Las gráficas catalogan los productos en cinco grupos:

"Lanzamiento" – Donde la presentación del producto genera interés.

"Pico de expectativas sobredimensionadas" - El impacto en los medios genera normalmente un entusiasmo y expectativas poco realistas. Es posible ver algunos casos de éxito y muchos fracasos.

"Abismo de desilusión" - No se cumplen todas las expectativas y las tecnologías dejan de estar de moda.

"Rampa de consolidación" - algunas empresas siguen experimentando para entender los beneficios que puede proporcionar la aplicación práctica de la tecnología.

"Meseta de productividad" – Los beneficios de la tecnología están ampliamente demostrados y aceptados. La tecnología se vuelve cada vez más estable y evoluciona en segunda y tercera generación.

El ciclo también marca si una tecnología se espera se desarrolle en los próximos 2, 5, 10, o más años.

Para el caso de la curva del ciclo de sobreexpectación de tecnologías de analítica e inteligencia de negocios, este se encuentra en el reporte número G00444807 de la empresa publicado en agosto del 2020 [Kronz, Hare & Krensky, 2020].

12.3.- Tecnologías de inteligencia de negocios en diferentes etapas del ciclo de sobreexpectación (hype cycle)

Tecnología en la meseta de productividad
Dos tecnologías se encuentran en la meseta de productividad y se consideran con un horizonte de maduración menor a dos años:

Servicios de datos y analítica: que son servicios que ayudan a convertir datos en información útil [Science Sfot, 2021]. Algunos proveedores líderes en el área son: Accenture, Capgemini, Deloitte, EY, KPMG, PwC, Tata Consultancy Services, y Wipro.

Almacenes lógicos de datos: que integran diferentes fuentes de datos para que se vean como una sola fuente. Los líderes en estas tecnologías son: Amazon Web Services, Cloudera, Databricks, IBM, Microsoft, y Oracle.

Tecnologías en la rampa de consolidación
Tres tecnologías en esta etapa se predicen madurarán en menos de dos años: Analítica predictiva, analítica en DBMS, e Inteligencia basada en ubicaciones externas. Dos tecnologías de este grupo se esperan maduren entre 2 y 5 años: analítica de texto y analítica social.

Tecnologías en etapas anteriores
Las etapas anteriores incluyen tecnologías que se espera maduren entre 2 y 5 años y otras que se esperan entre 5 y 10 años. Entre ellas figuran tecnologías que usan inteligencia artificial, como preguntas con lenguaje natural, inteligencia artificial explicable, generación de lenguaje natural, chatbots conversacionales. Otras tecnologías en este grupo incluyen analítica prescriptiva, analítica aumentada, y analítica multiexperiencia.

12.4.- ¿Qué es la inteligencia artificial?

Cuando uno piensa en inteligencia artificial (artificial intelligence o AI por sus siglas en inglés) lo primero que se viene a la mente son algunas películas de ciencia ficción donde las máquinas toman el control del planeta y destruyen a los humanos. En realidad, el nombre es engañoso. Inteligencia artificial no se refiere a crear un ser pensante, sino a usar técnicas de programación que copian los pasos que sigue un humano para maximizar las posibilidades de alcanzar su objetivo [Simon, 1981].

Entre las técnicas usadas en sistemas de inteligencia artificial están: el procesamiento de reglas, aprendizaje computacional, los algoritmos genéticos, reconocimiento de lenguaje natural y visión computacional.

Por ejemplo, un juego sencillo es el juego del gato (tres en línea, ceros y cruces, tres en raya, michi, o tic-tac-toe, como se le conoce en diferentes países), un juego en un tablero de 3 x 3 espacios donde los oponentes toman turnos marcando una casilla y gana quien consiga tres símbolos iguales en una misma línea (ya sea vertical, horizontal, o diagonal). Si quisiéramos programar una computadora para jugar el juego existen varias alternativas:

Algoritmos

La primera opción sería programar todos los posibles juegos en secuencia. Si la secuencia es pequeña, se pueden calcular todas las posibles respuestas. Un algoritmo es una secuencia finita y bien definida de instrucciones. Si el número de jugadas es finito, esta solución funcionaría bien. Sin embargo, un juego con una o dos líneas más en el tablero, haría que el número de alternativas fuera muy grande, haciendo este método imposible de seguir. Muchos problemas tienen tantas variantes que sería imposible predecirlas todas desde el principio. Para resolver esos problemas, lo que se busca es una solución suficientemente buena, aunque quizá no sea la óptima.

Reglas

Cuando no se pueden definir por adelantado todos los pasos a seguir, una forma de atacar el problema es crear reglas generales e ir verificándolas para definir si una condición se cumple. En el juego de gato, por ejemplo, se pueden definir ciertas reglas generales y pedir a la computadora que revise esas reglas en cada jugada, por ejemplo:

1. Si el oponente tiene tres fichas en una línea terminar (pierdo)
2. Si tengo yo dos fichas en una línea y hay un espacio vacío en esa línea, ocupar el espacio y terminar (triunfo)
3. Si no hay espacios libres en el tablero, terminar (empate)
4. Si el oponente tiene dos fichas en una línea que tiene un espacio vacío, ocupar el espacio vacío
5. Si ocupar un espacio crea dos filas con dos fichas mías y un espacio vacío en cada una, tomar ese espacio.
6. ... (aquí irían varias reglas más)
7. Si ninguna regla aplica, colocar la pieza en cualquier espacio disponible.

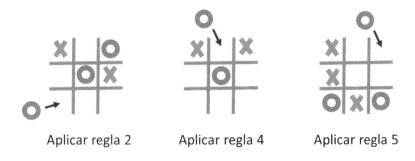

| Aplicar regla 2 | Aplicar regla 4 | Aplicar regla 5 |

Figura 12.1 – Ejemplo de aplicar reglas en un juego de gato

Un **sistema experto** podría tomar una serie de reglas y aplicarlas según las condiciones del tablero. Se le llama experto porque un experto conocería y aplicaría esas reglas, sin embargo, hoy sabemos que un experto, además de las reglas conocidas, usa intuición y experiencia al decidir sus cursos de acción. Por lo tanto, generalmente, un sistema experto es tan bueno como un principiante (con toda la teoría, pero poca experiencia).

Aprendizaje computacional

Otra técnica para resolver ese problema sería listar las condiciones que definen un juego ganador, un empate y uno perdedor; y luego preparar un programa que juegue cualquier espacio disponible, pero que almacene las opciones tomadas. Si una serie de jugadas que se usó antes lleva a una derrota más veces que a una victoria, entonces habría que evitarla. Si una jugada ha llevado a victoria más veces entonces se puede repetir.

Con suficientes juegos jugados, habría información de qué jugada tiene mejores posibilidades de llevar a un triunfo dadas las condiciones actuales del tablero. Se podría decir entonces, que un programa "aprendió" qué jugadas funcionan mejor. Lo que se conoce como **aprendizaje computacional** [Bishop, 2006].

Algoritmos genéticos

En la naturaleza, un ser tiene un cierto código genético que le da las características necesarias para sobrevivir. Al reproducirse, se genera un nuevo código genético en el nuevo ser, mediante la combinación de genes y mediante algunas variaciones aleatorias que puedan ocurrir durante el proceso de reproducción. Si esa nueva combinación y variaciones hacen al nuevo individuo más proclive a sobrevivir, ese código se reproducirá más y será más prevalente, aquellas modificaciones genéticas que no ayuden a la supervivencia tenderán a ser eliminadas por la naturaleza.

Un **algoritmo genético** [Mitchel, 1996] funciona más o menos de la misma manera. Se genera una ruta para solucionar un problema. Luego, se puede modificar aleatoriamente un elemento de esa ruta. Si la modificación logró una mejor solución, esa nueva ruta se establece como la base y se continúa con el proceso evolutivo. Si el cambio no ayuda, se desecha y se regresa al código anterior. Una vez más, con suficientes intentos, se puede encontrar una solución bastante adecuada a un problema difícil de resolver.

Procesamiento de lenguaje natural

Otra de las sub-áreas de inteligencia artificial es el procesar y entender lenguaje natural para poder realizar traducciones, responder preguntas, juntar noticias o interpretar correspondencia. El proceso consiste en dividir las oraciones en sus componentes (sujeto-verbo-complemento) y categorizar cada sección. El procesamiento de lenguaje natural ha sido estudiado desde los primeros días de las computadoras comerciales [Borbow, 1964; Schank, 1972]. Sin embargo, la complejidad del problema requería altos volúmenes de procesamiento y almacenamiento que no estuvieron disponibles sino hasta fechas recientes. Hoy es común hablar con sistemas que reconocen lenguaje natural e interpretan instrucciones, como Siri (de Apple) o Alexa (de Amazon).

12.5.- El uso de las técnicas de inteligencia artificial en otras disciplinas

La inteligencia artificial en el diagnóstico médico

Usar una computadora para jugar gato puede sonar trivial, pero usando las mismas técnicas se puede ir encontrando las reglas para un diagnóstico médico, por mencionar un ejemplo. El sistema no daría un diagnóstico preciso, pero, basado en reglas que se conocen, puede listar algunas enfermedades y la probabilidad según el cuadro que presente el paciente en cuanto a síntomas, datos personales e historia.

Por ejemplo, un grupo de reglas podría comenzar así:

1. Si un paciente tiene fiebre puede tener influenza.
2. Pero si además presenta una herida, entonces es más probable que la fiebre sea producto de una infección causada por una reacción a la herida.
3. ... (aquí irían muchas reglas más)

El sistema revisaría las reglas y podría indicar la probabilidad de diferentes enfermedades. Con suficientes reglas, se puede crear lo que se conoce como un sistema experto, que es un sistema que emula los pasos que sigue un humano al tomar una decisión. Un sistema experto en realidad puede dar un diagnóstico tan bueno como el de un principiante (como se menciona arriba), pues sigue las reglas básicas, pero sirve para acercar al experto a los datos y le permite decidir qué otra información revisar para completar un diagnóstico.

La inteligencia artificial en la contabilidad

Así como se pueden crear **sistemas expertos** para jugar gato, o ajedrez, o para realizar diagnósticos médicos, también se pueden definir las reglas para que un sistema experto pueda detectar transacciones poco comunes en una tarjeta de crédito. El sistema podría analizar miles de transacciones y aquellas que se salgan del patrón "normal" del cliente, las puede seleccionar y presentar a un especialista humano que podría revisar si la transacción corresponde al cliente, o es un posible fraude.

Cada vez más, se está considerando el uso de sistemas expertos en auditorías.

Los sistemas de **procesamiento de lenguaje natural** se pueden utilizar para procesar correos electrónicos de clientes y definir si el mensaje debe ser atendido por un humano con urgencia, o esperar su turno. Estos sistemas incluso pueden generar una estadística de los temas tratados en los correos recibidos e identificar qué tan contentos o enojados están los clientes que escribieron. También se pueden utilizar para analizar contratos, identificar palabras clave, encontrar inconsistencias, o hacer recomendaciones.

> **Minicaso – En la película "The Accountant", ¿cómo descubren el fraude?**
>
> En la película "The Accountant" 2016, con Ben Affleck y Anna Kendrick, el contador descubre un fraude revisando los libros de los últimos 15 años de la empresa y notando que ciertas transacciones todas tienen un número 3 como segundo dígito. En esa escena, el contador descubre todo con sus habilidades mentales superiores, pero, en la vida real, ¿Podría un sistema experto haber ayudado a detectar este tipo de movimientos sospechosos? ¿Podría una computadora revisar cientos de movimientos y mostrar cuáles requieren que un especialista (humano) realice una revisión detallada?

Aunque la idea de usar tecnología para apoyar la contabilidad y auditorías no es nueva [Keenoy, 1958], los avances recientes y disponibilidad de tecnología han permitido desarrollos importantes por firmas contables y hacen suponer que su impacto será mayor en el futuro. Algunos sistemas actualmente en uso incluyen: Una asociación entre KPMG y la plataforma de AI Watson de IBM para desarrollar herramientas de auditoría con AI; PricewaterhouseCoopers (PwC) desarrolló Halo una plataforma para productos de AI; y Deloitte desarrolló Argus para AI y Optix para analítica de datos. [Kokina & Davenport, 2017].

En el futuro, la Inteligencia Artificial (AI) "ayudará a los contadores a encontrar correlaciones y patrones en sus datos que soluciones heredadas no podían haber identificado previamente. Es de esperar que nuevos conocimientos sobre sus datos conduzcan a una nueva y mejor estrategia comercial. AI ya está transformando la profesión, incluso diría que la está reinventando, con avances como RPA [Robotics Process Automation] y la automatización de la toma de decisiones de nivel inferior, el procesamiento de transacciones, la detección de fraudes y mucho más " [English, 2019].

12.6.- Criptomonedas

Una tecnología emergente adicional, que ha levantado interés por su gran potencial para cambiar la forma en la que funcionan los mercados, e incluso la forma en la que vivimos, son las criptomonedas (o dinero electrónico). Para entender cómo funcionan las criptomonedas hay que analizar cómo se pueden hacer pagos de forma electrónica.

Vamos a suponer que Alicia le quiere enviar a Benjamín dinero para pagar por una bicicleta que le compró. Alicia puede llevarle en dinero personalmente, depositar dinero en la cuenta bancaria de Benjamín, enviarle un giro postal, o mandar un cheque por correo.

Sin embargo, si ambos viven en ciudades diferentes, no hay un banco con sucursales en las dos ciudades o no hay tiempo para esperar por una carta, las alternativas se complican. Una opción sería pagarle en forma electrónica usando Internet.

El problema es que Internet es una red pública, lo que significa que, si yo mando un mensaje a otra persona, este mensaje va a viajar por muchas computadoras hasta llegar a su destino. Cualquiera, con un poco de tecnología, puede leer mi mensaje en cualquier punto intermedio. Incluso puede cambiarlo. Mandar un mensaje por Internet es como mandar un mensaje por radio, esperamos que lo reciba el destinatario, pero nada detiene a alguien más de verlo también.

Enviar dinero de forma segura por Internet puede ser algo complicado. Obviamente no puedo mandar dinero en efectivo, este no viaja electrónicamente. Hay dos soluciones posibles: usando un intermediario confiable (un banco) o directamente enviando dinero electrónico.

Envío de dinero usando un banco como intermediario confiable

La alternativa uno es usar un intermediario que ambas partes confíen (un banco) que lleve las cuentas y sepa cuánto dinero tiene Alicia. Alicia le manda su número de tarjeta de crédito a Benjamín, quien solicita autorización al banco para cobrar, Si el banco lo aprueba Benjamín confía en que el Banco le va a pagar, mientras que el Banco confía en que puede cobrarle a Alicia. Claro que el número de tarjeta no puede viajar directo por Internet. Cualquiera con algo de práctica puede interceptar y leer un mensaje enviado en la red. Por eso es necesario **cifrar (encriptar o codificar)** el número de tarjeta de crédito. Es decir, modificar el número usando una llave (por ejemplo, Alicia puede sumarle 3 a cada dígito de la tarjeta y luego enviarle a Benjamín el número resultante). Benjamín puede **descifrar (des encriptar o decodificar)** el número al llegar a su destino (en este ejemplo habría que restarle 3 a cada dígito que se reciba) para tener el número correcto de tarjeta de crédito. Cualquiera que vea el número de tarjeta enviado durante la transmisión vería un numero incorrecto. En este caso, ambos participantes usan una sola llave, una **llave compartida**.

El problema aquí es que el banco se lleva una comisión (que le cobra a Benjamín), la transacción tarda un tiempo. Adicionalmente, la transacción puede ser anulada después que Benjamín ya entregó la bicicleta, si es que Alicia, al recibir su estado de cuenta le dice al banco que eso es falso y que ella nunca hizo ninguna transacción con Benjamín. En este caso Benjamín se quedaría sin bicicleta y sin dinero.

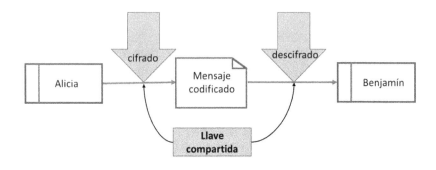

Figura 12.2 – Ejemplo de cifrado – descifrado con una llave compartida

Envío de dinero electrónico por Internet

La otra opción es que Alicia le mande a Benjamín dinero electrónico por Internet. El **Dinero Electrónico** (o criptomonedas) es una secuencia de números a la que la gente le ha asignado un valor. Una persona puede pagar dinero real (dinero de Fíat o Fiat money, que es una nota o un billete emitido y respaldado por un país) para comprar una criptomoneda. De igual forma, una persona puede vender su criptomoneda (o parte de ella) y recibir dinero en efectivo, productos o servicios a cambio de esta.

La ventaja de esta alternativa es que no hay que usar un intermediario que cobre una comisión alta. El dinero se envía inmediatamente (no hay tiempo de espera) y la transacción, si se hace correctamente, es irreversible (una vez que Alicia mandó el dinero no puede decir que ella no fue y rechazar pagar, pues cuando el dinero lo recibe Benjamín él sabe que ese dinero ya es suyo).

Otras ventajas del dinero electrónico es que puede manejarse de forma anónima, así como el dinero en efectivo, sin que el receptor tenga que saber el nombre, número de tarjeta e historial de crédito del emisor.

Como el dinero electrónico es una secuencia de números, estos pueden viajar por Internet. Hay dos problemas a resolver con el dinero electrónico: cómo asegurarme que nadie más lo pueda gastar (alguien que pueda interceptar el mensaje) y cómo asegurarle al destinatario que yo no puedo gastar el mismo dinero dos veces (si le mandé el código a él, qué evita que yo mande el mismo código a alguien más).

¿Cómo se asegura el dueño del dinero electrónico que nadie más puede gastar esa misma moneda?

La primera parte se resuelve encriptando el dinero electrónico para que nadie sepa la secuencia correcta. Esto se logra con un juego doble de llaves. Cuando Alicia compró sus criptomonedas tenía dos lleves: una llave que todos pueden ver (**llave pública**) y una llave que solo ella conoce (**llave privada**).

El paquete de llave pública y llave privada se generan con una fórmula matemática de tal forma que:

- no es posible adivinar una llave teniendo la otra y,
- lo que se cifre (encripte) con una de esas llaves solo se puede descifrar (des encriptar) con la otra.

Así que, si algo se cifra con la llave pública de Alicia, solo su llave privada lo puede descifrar.

Cuando Alicia compra su moneda, lo primero que se hace es cifrar esa moneda usando la llave pública de Alicia. Como ella es la única que conoce su llave privada, hay seguridad que solo ella podría gastar ese dinero electrónico, pues solo ella lo puede descifrar para gastarlo. No importa cuánta gente vea el dinero encriptado, no lo podrán usar.

Para que Alicia le pague a Benjamín, lo que tiene que hacer es des encriptar su moneda usando su llave privada, encriptar la moneda usando la llave pública de Benjamín y enviarle el código resultante a Benjamín por Internet. Ahora, la moneda le pertenece a Benjamín y solo él puede gastarla. Si alguien más ve ese mensaje con la moneda, no la podrá usar, pues solo Benjamín conoce su llave privada, que es la única llave que puede abrir esa moneda. Adicionalmente, benjamín, al recibirla, sabe que es su moneda y de nadie más, pues está cifrada con su llave pública.

Es posible que el monto de la transacción no equivalga a una moneda completa. Alicia puede dividir la moneda en fracciones y pagar una fracción de la moneda (por ejemplo, pagar un cuarto de su criptomoneda). Lo que tiene que hacer es descifrar su moneda, dividir el código resultante en partes, asignar ciertas partes a la moneda que le enviará a Benjamín (cifrando esa parte con la llave pública de Benjamín) y cifrando la parte sobrante de la moneda con la llave pública de Alicia (su llave pública) de esa forma parte de la moneda ahora le pertenece a Benjamín y la otra parte a Alicia.

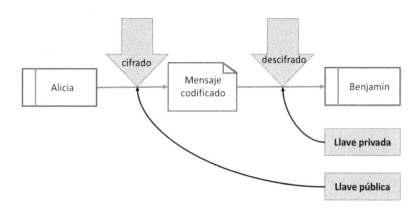

Figura 12.3 – Ejemplo de cifrado – descifrado con llave pública y llave privada

¿Cómo asegurarle al destinatario que el dinero que yo le envié no se lo voy a enviar a otra persona también?

Esto se conoce como **doble gasto**. Y se podría hacer si Alicia fuera algo deshonesta pues puede descifrar su moneda, sacarle una copia (a final de cuentas es solo una secuencia de números) y cifrar una copia con la llave pública de Benjamín y otra copia con la llave pública de Carlos.

Para evitar esto, una cosa que se puede hacer es que cuando se usa una criptomoneda, se realiza una transacción, se desencripta la moneda y se encripta con una nueva llave (o se encripta parte con la nueva llave y parte con la llave anterior, si solo se quiere gastar parte de la moneda). Cada nueva transacción se va agregando a la lista de transacciones de la moneda, de tal forma que, si se recorre la lista desde el principio, se podría saber quién es dueño de qué porcentaje de la moneda en este momento. (en realidad lo que se sabe es qué llave controla la moneda, aunque no necesariamente quién posee la llave). Si alguien quiere usar una llave para abrir la moneda, al recorrer la lista se puede saber si esa llave tiene saldo, o no, es decir, si ese gasto se puede hacer o no.

Para esto hay que llevar un libro de registro de cada transacción de cada moneda, es decir, un libro que diga cuánto dinero tiene cada quién en sus cuentas. Pero ¿en quién confiar para que lleve ese libro de cuentas? En lugar de que un banco lleve las cuentas, se crean muchas copias del libro de cuentas y todos (o muchos) pueden llevar las cuentas de todos al mismo tiempo (lo que se conoce como un **libro mayor distribuido** o distributed ledger). Si alguien gasta algo, eso se actualiza en todos los libros. De tal forma que, si Alicia gasta su dinero, todos saben que ese dinero ya no existe, ahora hay una moneda nueva con la llave de Benjamín. y si Alicia trata de enviar la copia del dinero a Carlos, esa copia sería rechazada pues en los libros de cuentas (que todos tienen) ya saben que esa llave ya no tiene saldo, evitando que se use dos veces. Esta estrategia depende de tener un libro mayor distribuido (con copias con muchos participantes).

¿Cómo se actualizan los libros de cuentas que todos tienen (los libros mayores distribuidos)?

El libro mayor de cuentas de una criptomoneda se guarda en una estructura que se conoce como **blockchain** o cadena de bloques. Un bloque es un grupo de transacciones que se colocan en un paquete, y los paquetes se van empacando en secuencias o cadenas. Cada paquete incluye una liga al paquete que le precede (el código de verificación de ese paquete), las transacciones a agregar a la cadena y una clave de verificación. Si alguien cambia algo en el paquete anterior o cualquiera de los paquetes anteriores, la liga del último paquete, o la clave de verificación no concordaría con su valor esperado y la cadena se rechaza. Este tipo de estructuras permiten que se vaya agregando información a una cadena sin poder modificar ninguno de los datos anteriores.

Cuando Alicia envía una criptomoneda a Benjamín, esta transacción se agrega en una lista de transacciones por confirmar. Una vez cada diez minutos (el tiempo varía según la moneda que estemos usando) un grupo de empresas compiten por tomar las transacciones pendientes y agregar un bloque nuevo que se agrega a la cadena. Este es un proceso complicado pues requiere mucho poder de cómputo el calcular las claves de verificación y formar el nuevo paquete. La empresa que pueda hacer esos cálculos primero: publica el nuevo bloque a agregar a la lista y lo transmite a todos los interesados (actualizando el libro mayor) que se va pasando entre los nodos. Si alguien más trata de publicar una nueva versión de ese bloque, esta sería rechazada por los nodos que tienen el libro mayor pues estos ya tienen ese nodo en sus listas. Las empresas que se dedican a crear nuevos nodos se llaman **mineros** pues cada vez que generan un nuevo nodo, también crean una nueva moneda (o parte de una moneda) que ellos reciben como pago por sus servicios.

Un minero necesita equipos muy poderosos para poder hacer las operaciones matemáticas requeridas más rápido que sus competidores. Un minero recibe ingresos al crear nuevas monedas en cada bloque que se construye (pero ese monto eventualmente se irá reduciendo, de tal forma que en unos años ya no se puedan crear más monedas). Un minero también recibe ingresos en la forma de una cuota que Alicia puede agregar a su transacción (como propina para el minero) por incluir su transacción en el bloque. Si hay demasiadas transacciones pendientes, un minero tomará aquellas que le ofrezcan más comisión y las procesará en el bloque actual, las otras tendrán que esperar otro ciclo.

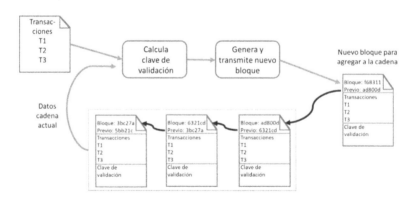

Figura 12.4 – Proceso para crear un nuevo bloque en una cadena de bloques o blockchain

Normalmente una transacción no toma más de seis ciclos en quedar escrita en forma definitiva en todos los libros mayores distribuidos. Por lo que, si estamos hablando de una transacción mayor, quizá sea conveniente esperar un tiempo razonable (de 6 a 20 ciclos) para estar 100% seguro que la transacción quedó en firme y registrada irrevocablemente en todos los libros, mientras que transacciones pequeñas pueden confiar que, con uno o dos ciclos, si la transacción ya quedó registrada, hay pocas posibilidades que alguien ataque la red para eliminar una transacción pequeña, por lo que se puede considerar segura.

12.7.- Tipos de criptomonedas

La primera criptomoneda funcional se llama Bitcoin, esta fue creada por una persona (o grupo de personas) conocidas como Satoshi Nakamoto y publicada en un white paper [Nakamoto 2008].

Un Bitcoin es una criptomoneda basada en transacciones entre individuos (no requiere de un banco central) y almacenada en una cadena de bloques (blockchain) creando un libro mayor distribuido. Una comunidad de mineros compite (mediante un proceso que se conoce como demostración de trabajo o proof of work) para agregar las nuevas transacciones a la cadena y al mismo tiempo ir creando nuevos bitcoins.

El número de bitcoins creado por cada nuevo nodo va bajando con el tiempo, de tal forma que llegará un punto, cuando se hayan creado 21 millones de bitcoins, que se dejarán de producir nuevas monedas y los mineros tendrán que vivir solo de las cuotas por transacción que ofrezca el mercado.

Cada bitcoin se puede dividir en pequeñas partes que se llaman Satoshis, en honor al creador de la moneda. Un bitcoin se divide en 100 millones de Satoshis.

El valor de las criptomonedas fluctúa en el mercado. Al multiplicar el número de monedas disponibles por su precio de mercado se pueden identificar las criptomonedas con mayor capitalización. Dado que el precio de las criptomonedas cambia constantemente, se puede consultar el ultimo valor y la capitalización de cada moneda en la siguiente liga: https://es-us.finanzas.yahoo.com/criptomonedas

La tabla 12.1 muestra las criptomonedas con mayor capitalización de mercado en marzo del 2020.

Tabla 12.1 – Criptomonedas con mayor capitalización de mercado (diciembre 2020)

Nombre	Capitalización de mercado
Bitcoin	668,921 millones de dólares
Ethereum	305,894 millones de dólares
Tether	62,272 millones de dólares
Dogecoin	48,354 millones de dólares
XRP	42,803 millones de dólares
Bitcoin Cash	12,194 millones de dólares

Minicaso - ¿Quién es Satoshi Nakamoto?

La primera criptomoneda funcional se llama Bitcoin, esta fue creada por Satoshi Nakamoto y publicada en un white paper [Nakamoto 2008]. Lo curioso es que El nombre Satoshi Nakamoto es un pseudónimo, y nadie sabe si es una persona o varias, ni tampoco se conoce su identidad. Esa persona publicó el artículo que explica cómo funciona Bitcoin y participó en discusiones técnicas, colaborando con desarrolladores de la plataforma hasta 2010. En esa fecha transfirió el control de los dominios y códigos a miembros de la comunidad y desapareció. No se ha sabido nada de Satoshi Nakamoto hasta la fecha.

12.8.- Otras aplicaciones de blockchain

Las criptomonedas son solo uno de los posibles usos de las cadenas de bloques o blockchain. El contar con un instrumento al que se le pueda agregar información, identificar quién la agregó y no permitir modificar ninguno de los datos anteriores puede ser útil en muchas disciplinas. Algunas posibles aplicaciones son:

Actualización y transmisión de expedientes médicos: Diferentes médicos pueden actualizar el expediente de un paciente, la cadena lleva registro de quién y cómo se ha actualizado el expediente y todos los interesados pueden ver es estado actual del paciente.

Propiedad compartida: Una pintura valiosa puede tener varios propietarios. La propiedad se puede definir como una cadena y los propietarios pueden traspasar sus acciones completas, o en parte, a otros propietarios. Quiénes son los dueños de la obra de arte lo determina el estado actual de la cadena.

Propiedad de una empresa. De igual forma que una pintura puede tener varios dueños, una empresa puede repartir sus acciones en forma de una criptomoneda. La oferta inicial se conoce como ICO (Initial Coin Offering) y los compradores pueden luego negociar la venta de sus porcentajes traspasando todas, o parte, de sus monedas (como se hace con acciones en el mundo físico) Los dividendos y derechos de voto se pueden repartir según el porcentaje de propiedad definido en la cadena al momento de la decisión.

Mantener la cadena de un producto segura: Se puede dar seguimiento a un alimento desde que es producido hasta que llega al consumidor. Si alguna parte de la cadena presenta algún problema sanitario, se puede inmediatamente identificar todos los alimentos que pasaron por esa estación y detenerlos antes de que lleguen al consumidor final.

Voto electrónico: Con blockchain se puede asegurar que las personas voten una sola vez y que todos los votos sean contados.

Hay un sinnúmero de posibles aplicaciones y la lista se actualiza constantemente, Algunos artículos que hablan de aplicaciones de blockchain y se pueden encontrar en los sitios de las empresas de contabilidad y los desarrolladores de tecnología. La tabla 12.2 muestra algunos ejemplos.

Tabla 12.2 – Páginas con información de aplicaciones de blockchain

Empresa	Dirección de Internet
PWC	https://www.pwc.com/gx/en/industries/assets/blockchain-technology-in-energy.pdf
Deloitte	https://www2.deloitte.com/content/dam/Deloitte/in/Documents/strategy/in-strategy-innovation-blockchain-revolutionary-change-noexp.pdf
KPMG	https://home.kpmg/xx/en/home/insights/2017/02/digital-ledger-services-at-kpmg-fs.html
EY	https://www.ey.com/en_gl/blockchain
IBM	https://www.ibm.com/blockchain/use-cases/
Microsoft	https://azure.microsoft.com/en-us/solutions/blockchain/
Hewlett Packard	https://www.hpe.com/us/en/solutions/blockchain.html

El uso efectivo de "Blockchain tiene el potencial de ofrecer varios beneficios, incluyendo la no repudiación de datos de transacciones, ahorros de costos por desintermediación y una cadena de custodia verificable. Sin embargo, otras preocupaciones, como la seguridad del usuario final, la capacidad de recuperación de las claves perdidas y la imposibilidad de corregir o deshacer una transacción, dificultan la comercialización total de esta tecnología". [Cieslak, Mason & Vetter, 2019]

12.9.- Resumen

- Gartner Inc. Es una empresa fundada en 1979 dedicada a proporcionar información de resultados de investigaciones a especialistas en tecnología y otras áreas en las organizaciones [Gartner, 2021].
- Entre los productos de la empresa se encuentran los cuadrantes mágicos (magic cuadrants) y los ciclos de sobreexpectación (Hype Cycles).
- Se pueden identificar diferentes tecnologías de inteligencia de negocios en diferentes etapas del ciclo de sobreexpectación.
- Inteligencia artificial (AI por sus siglas en inglés) se refiere a usar técnicas de programación que copian los pasos que sigue un humano para maximizar las posibilidades de alcanzar su objetivo.
- Algunas técnicas de AI son: sistemas expertos, aprendizaje computacional, algoritmos genéticos y procesamiento de lenguaje natural.
- El Dinero Electrónico (o criptomonedas) es una secuencia de números a la que la gente le ha asignado un valor
- En el mundo de las criptomonedas, un minero es una empresa que valida las transacciones hechas con criptomonedas, crea nuevas monedas y agrega un nodo con las transacciones, y las nuevas monedas creadas, a la cadena de bloques o blockchain que forma el libro mayor distribuido.
- Otras aplicaciones de blockchain se pueden encontrar en finanzas, registros médicos, cadenas de suministros, voto electrónico, etc.

12.10.- Ejercicios de repaso

Preguntas

1. Menciona algunas técnicas de Inteligencia Artificial
2. ¿Qué hace un sistema experto?
3. ¿Cómo puede un sistema experto ser útil en el proceso de auditoría?

4. ¿Qué uso puede tener un sistema de reconocimiento de lenguaje natural en la práctica contable?
5. ¿Qué es una criptomoneda?
6. ¿Qué es una cadena de bloques o blockchain?
7. Menciona algunas ventajas y desventajas de usar criptomonedas para intercambiar valor
8. ¿En qué consiste el cifrado con una llave compartida?
9. ¿Cómo funciona el cifrado con llave pública y llave privada?
10. ¿Cómo me aseguro que nadie pueda gastar una de mis criptomonedas?
11. ¿Cómo se le garantiza al receptor de una criptomoneda que el emisor no pueda hacer un doble gasto?
12. ¿Cuál es la función de un minero en el ambiente de criptomonedas?
13. ¿Qué se sabe de Satoshi Nakamoto?

Ejercicios

1. Busca un ejemplo de un sistema experto usado en la práctica contable
2. Entre la lista de reglas que aparece en el capítulo para jugar gato, el punto número 6 indica que hay algunas reglas faltantes. Completa las reglas que irían en ese punto para asegurar el mejor desempeño en el juego revisando esas reglas de arriba abajo en cada jugada.
3. Investiga algunas aplicaciones de cadenas de bloques o blockchain en la industria que no hayan sido mencionadas en este libro
4. Investiga qué se necesita para comprar un Bitcoin (o algunos Satoshis) y cuánto cuesta

Módulo V

Siguientes Pasos Para la Inteligencia de Negocios

Capítulo 13

Gestión de la Introducción de Innovaciones Tecnológicas en las Organizaciones

"Y hay que recordar que no hay nada más difícil de emprender, más peligroso de conducir, o más incierto en su éxito, que el tomar la iniciativa en la introducción de un nuevo orden de las cosas. Porque el innovador tiene por enemigos a todos aquellos que se beneficiaban con el orden anterior, y solo tibios defensores en aquellos que podrían ganar con lo nuevo."

Nicolás Maquiavelo, "El Príncipe" (Capítulo VI),1532.

13.1.- Objetivos de aprendizaje
- Identificar las características de una innovación
- Definir la inteligencia de negocios como una innovación
- Identificar las fases y los pasos que sigue el proceso de adopción de innovaciones por los individuos y las organizaciones
- Describir el proceso que sigue la adopción de una innovación
- Identificar el tipo de apoyo requerido por usuarios y departamentos durante las diferentes etapas del proceso de adopción de una innovación
- Conocer las actividades que puede acelerar o detener la adopción de innovaciones

13.2.- La inteligencia de negocios como innovación
La innovación es una idea, práctica u objeto percibido como nuevo para un individuo o una organización [Rogers, 2003]. La solución puede haber existido durante algún tiempo; incluso puede estar en uso por otros grupos. Sin embargo, para ese individuo, una innovación es algo que no había visto antes, o no se consideraba útil o conveniente dadas las condiciones a las que se enfrentaba cuando la oportunidad apareció la última vez.

Usando la definición de Rogers, casi cualquier sistema de inteligencia de negocios es una innovación. Una actividad puede haber existido de una forma u otra en la empresa, pero nunca con el nivel y la velocidad de ahora.

Para un especialista que quiere probar nuevas técnicas o un directivo que busca ayudar a sus empleados a hacer lo mejor posible, es una buena idea estudiar cómo se comportan las innovaciones en las organizaciones. Resulta valioso entender el tipo de ayuda que necesitan los pioneros y saber qué esperar cuando se les pide a las personas que prueben algo nuevo.

13.3.- Adopción de innovaciones

Gestionar la velocidad con la que una innovación comienza a utilizarse en una empresa requiere entender el proceso que una persona u organización sigue, desde el momento en que "descubre" la innovación, hasta el momento en que se convierte en parte de su vida cotidiana. Es útil ver el proceso como si se produjese en dos fases: iniciación e implementación.

Durante la fase de inicio, el usuario identifica y estudia la innovación. El usuario se forma una actitud favorable o desfavorable hacia el producto y decide adoptarlo o rechazarlo.

La fase de implementación comienza después de decidir aceptar la nueva solución. Se inicia cuando el usuario compra o comienza a utilizar el producto propuesto. Inicialmente, la innovación se utiliza tal como se recibe y para los fines previstos. Sin embargo, dependiendo del tipo de producto, este puede ser modificado o utilizado para otros fines. La fase concluye cuando la innovación se convierte en una rutina [Alanís, 1991].

La adopción de innovaciones, incluso a nivel organizacional, comienza con el individuo. La gente tiene que hacerse una idea del producto. La decisión está influenciada por factores que pueden hacer que una persona aprecie una innovación como algo más, o menos, atractivo.

Toda innovación conlleva costos y beneficios. Algunos costos directos, como comprar la tecnología o pagar una licencia por algún software, son fáciles de identificar. Pero las personas también consideran los costos indirectos, como el entrenamiento requerido o la molestia causada por tener que salirse de su zona de confort cuando trabajan con soluciones que ya conocen. Los factores externos, como la presión social o los requisitos legales, también pueden influir en la decisión final. Incluso hay características personales que afectan el proceso. Hay individuos más propensos a aceptar innovaciones y tomar riesgos, que otros.

Sólo porque los beneficios superan en monto a los costos no es suficiente para adoptar una nueva forma de hacer las cosas. Algunas innovaciones tienen que ser diez veces mejores que sus predecesoras antes de su adopción. La razón: el cambio es caro. Conlleva costos ocultos como el hábito, la incertidumbre y la aversión al riesgo, que ponen un impuesto muy alto en la decisión de proceder con el cambio.

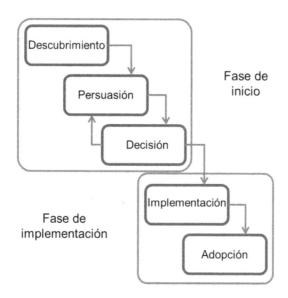

Figura 13.1 - Fases del proceso de adopción de la innovación (Adaptado de [Alanis 1991] y [Rogers 2003])

13.4.- La evolución del proceso de adopción de innovaciones
Las innovaciones no aparecen o son adoptadas al mismo tiempo por todos los miembros de una organización. Siempre hay grupos que las aceptan primero, y todavía hay algunos rezagados que nunca usarían las nuevas soluciones.

La gráfica del número de personas que gradualmente toman una innovación generalmente forma una curva en forma de campana, o, en términos estadísticos, una curva de distribución estándar [Brancheau 1987]. El gráfico permite identificar cinco grupos de usuarios, dependiendo de la rapidez con la que decidan adoptar la innovación. La figura 13.2 muestra esta distribución.

Figura 13.2 - Distribución de innovadores

Con cualquier innovación, siempre se puede encontrar personas que lo usen y lo adopten antes que nadie. Son los pioneros. A un pionero le gusta probar nuevos dispositivos y nuevas ideas, incluso si parecen no generar ningún valor adicional. Este grupo requiere poco apoyo. Ellos generalmente avanzan solos hacia la innovación. A veces incluso demasiado rápido. En las viejas películas de aventuras, los pioneros eran los que regresaban del desierto con las flechas en sus espaldas. Pero su trabajo era abrir caminos y encontrar oportunidades.

El grupo más importante son los primeros innovadores (o innovadores tempranos). Ellos observan a los pioneros y, si encuentran un valor esencial en la innovación, la adoptan. El grupo es vital porque una vez que los primeros innovadores han elegido algo, es sólo cuestión de tiempo antes de que el resto del grupo lo acepte. Los innovadores tempranos requieren acceso a pioneros y apoyo directo para simplificar su decisión de adoptar la innovación.

El grupo que sigue a los innovadores tempranos tiene dos subgrupos: mayoría temprana y mayoría tardía, dependiendo de si adoptan la innovación antes o después de la marca del 50%. En este grupo, el crecimiento es rápido. Los usuarios de este grupo no necesitan incentivos especiales para adoptar las nuevas tecnologías, pero la empresa necesita ampliar sus instalaciones y capacidades para dar cabida a la demanda de recursos que este creciente número de usuarios necesita.

El último grupo son los rezagados. Ellos solamente adoptan una innovación hasta que se prueba por completo o hasta que se ven obligados a hacerlo. Como sucede con cualquier cambio, siempre hay alguien que nunca lo adoptará, y es normal no preocuparse demasiado por ese grupo.

Minicaso - No todas las innovaciones son exitosas, aún y cuando provengan de la misma compañía

En noviembre de 2017, cuando Apple iba a lanzar el iPhone X, los clientes que querían adquirir el teléfono formaban largas filas afuera de las tiendas incluso desde un día antes de su lanzamiento [Wuerthele, 2017]. Un año después, en septiembre de 2018, ejércitos de fanáticos de Apple formaban largas filas para ser los primeros en comprar el IPhone XS y el iPhone XS Max [Hein, 2018]. Pero no todos los productos de Apple han sido exitosos. En agosto de 1993 Apple lanzó la Newton. Una computadora de mano que sería el precursor de las PDA's, las tabletas y los teléfonos inteligentes. Sin embargo, en aquella época, el aparato era muy caro, muy grande y presentaba fallas. Para febrero de 1998, la Newton ya había sido descontinuada [Gilbert, 2019; Gallagher, 2018]

13.5.- El apoyo requerido por una innovación tecnológica a lo largo del tiempo

Mientras que la Figura 13.2 muestra el número de nuevas personas que se están adoptando una tecnología, la Figura 13.3 muestra el número total de personas que ya la han adoptado en un momento dado. Este gráfico es importante porque muestra el número de usuarios que están aprovechando la tecnología en cierta fecha y se puede utilizar para estimar el tipo de esfuerzo necesario para apoyar a esos grupos.

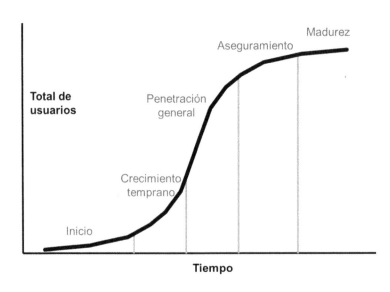

Figura 13.3 - Proceso de maduración de una innovación

En la curva de la figura 13.3, es posible identificar cinco etapas en el proceso de adopción. Durante la etapa de inicio, hay pocos usuarios, pero requieren apoyo de forma individual. A veces necesitan algo de ayuda para convencerse del valor del nuevo producto. Para que se adopte la innovación, en esta etapa es necesario absorber los riesgos de adquirir tecnología proporcionando a los usuarios subvenciones y apoyo directo para facilitarles la decisión de adoptar las nuevas soluciones.

A medida que algunos usuarios ven el valor de la tecnología, cada vez más usuarios la están adoptando. En la fase de crecimiento inicial, los subsidios no son tan significativos, pues la innovación ya ha demostrado su valor, pero se vuelve cada vez más difícil apoyar a todos los usuarios de manera personal. En esta etapa, es esencial transmitir la responsabilidad y el riesgo de adopción a los usuarios y preparar el camino para un rápido crecimiento durante la fase de penetración general. El peligro en esta etapa es que no haya suficientes recursos para proporcionar apoyo personal directo a todos los nuevos usuarios. Habría muchos usuarios que quieran innovar y no puedan ser apoyados. Esta situación causa tensión y pone en riesgo el futuro del proyecto, ya que muchos usuarios podrían renunciar a la idea de adoptar la innovación simplemente porque la lista de espera es demasiado larga. La Figura 13.4 ilustra este fenómeno.

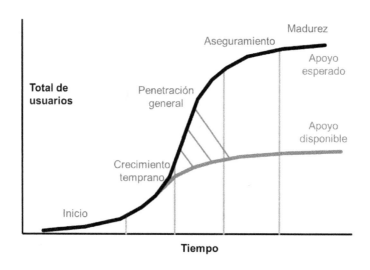

Figura 13.4 - Falta de crecimiento debido al sobrecontrol de
la innovación en la etapa de crecimiento temprano

La organización debe prepararse para admitir un gran número de usuarios
rápidamente una vez completada la fase de crecimiento temprano. Los usuarios
pueden aceptar algunos riesgos de adopción, pero necesitarán soporte para las
características de esta nueva tecnología. Los servicios como la capacitación, el
servicio de asistencia y el soporte técnico deben funcionar de manera eficiente
si la mayoría de los usuarios tienen que adoptar la innovación.

Otro punto de riesgo ocurre en el cambio a la fase de madurez. El número de
nuevos usuarios deja de crecer (ya que casi todo el mundo ha adoptado la
innovación) y, aunque el apoyo técnico debe continuar, ya no debe crecer, pues
la demanda es ahora estable. El peligro en esta etapa es no ver este cambio en
la demanda y seguir creciendo los servicios disponibles, gastando más de lo
necesario en apoyo.

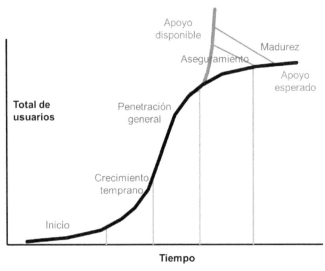

Figura 13.5 - Gasto excesivo causado por no detener el
crecimiento acelerado del apoyo a la innovación en el tiempo

Es esencial que, al llegar a la madurez, los servicios de apoyo también maduren
y se estabilicen para garantizar un apoyo continuo a la tecnología sin incurrir en
costos innecesarios. La Figura 13.5 ilustra el fenómeno del crecimiento
incontrolado y muestra la distancia entre el nivel de soporte requerido y el nivel
ofrecido, lo que indicaría un gasto excesivo.

13.6.- Controlar la velocidad de adopción de las innovaciones tecnológicas

El crecimiento saludable de la innovación tecnológica en una organización
requiere diferentes tipos de apoyo en sus diferentes etapas de maduración.
Como se muestra en la figura 13.6, hay tres fases muy diferentes en el proceso
de adopción de la tecnología y cada una requiere un tipo diferente de soporte.
Una organización puede decidir aumentar el apoyo necesario para acelerar el
proceso de adopción o (si no tiene un presupuesto o no coincide con su
estrategia) para detener el apoyo necesario, haciendo más lenta la velocidad
con la que se recibe una innovación.

Durante las primeras etapas, la innovación está siendo analizada por un
pequeño grupo de pioneros. Por lo general, no requieren mucho soporte
técnico. Casi siempre obtienen su información de fuentes externas a la
organización, y su conocimiento es mayor al de los especialistas en las áreas
de apoyo que la empresa pueda tener. Un grupo de pioneros con presupuestos

independientes para investigar nuevas tecnologías y un sistema de recompensas para encontrar tecnologías significativas puede acelerar el proceso de descubrimiento de innovaciones útiles para la organización. Algunas organizaciones incluso han llegado al punto de crear áreas responsables de monitorear las tecnologías para apoyar este proceso. Por otro lado, limitar el presupuesto e incluso castigar los intentos fallidos de adquirir tecnología útil puede bloquear, o hasta detener por completo la introducción de innovaciones en una organización.

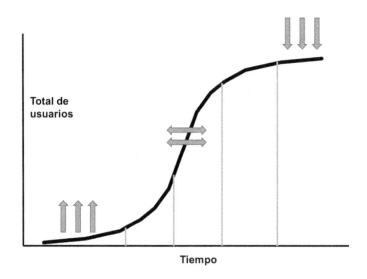

Figura 13.6 - Tipo de apoyo necesario en las diferentes
etapas de maduración de una innovación

Una vez que los pioneros han descubierto una innovación interesante, el grupo de primeros innovadores se convierte en el foco de atención. Este grupo requiere una justificación más clara para aceptar la innovación. La introducción de estrategias para reducir los costos directos e indirectos de la innovación puede inclinar el equilibrio costo/beneficio en favor de la adopción para este grupo. Una forma de reducir los costos es adquiriendo el equipo necesario con presupuesto central y no departamental, estableciendo un área de soporte técnico y buscando maneras de recompensar los esfuerzos adicionales necesarios para probar la tecnología.

Cuando la gran mayoría de la gente ha decidido adoptar la tecnología, el apoyo económico directo ya no es una prioridad porque, en esta fase, la innovación ya ha demostrado su valor. El presupuesto debe ahora orientarse a proporcionar mejores estructuras de apoyo y simplificar el proceso de contratación, para que la innovación pase por esta fase lo antes posible.

A medida que la empresa alcanza la etapa de madurez, ya no es necesario seguir creciendo los servicios de apoyo, ya que la demanda de innovación no crecerá. La mayoría de la gente ya ha adoptado la innovación. Lo importante en esta etapa es estandarizar y aplicar reglas para hacer que el proceso de uso de la innovación sea más económico.

13.7.- Gestión de múltiples innovaciones
Cada innovación tiene una curva. Algunas soluciones tecnológicas han tomado caminos más rápidos que otras, y esto depende de muchos factores.

La gestión de múltiples innovaciones en una empresa requiere la gestión de varias curvas, diferentes necesidades de soporte y diferentes niveles de penetración en la organización. Un buen directivo debe ser capaz de distinguir el apoyo requerido en cada etapa para cada innovación y actuar de acuerdo con las necesidades específicas y los objetivos que la organización desea alcanzar. La Figura 13.7 ilustra la gestión de diferentes tecnologías en un momento dado dentro de una organización [Alanis, 2010].

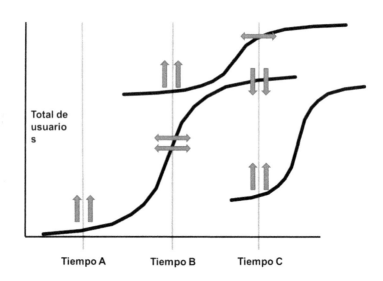

Figura 13.7 - Soporte requerido por diferentes
innovaciones en diferentes puntos de tiempo

13.8.- Resumen

- Una innovación es una idea, práctica u objeto percibido como nuevo para un individuo o una organización

- Casi cualquier sistema de inteligencia de negocios es una innovación. Una actividad puede haber existido de una forma u otra en la empresa, pero nunca con el nivel y la velocidad de ahora

- El proceso de adopción de innovaciones tiene dos fases: iniciación e implementación.

- Durante la fase de iniciación, el usuario identifica y estudia la innovación. El usuario se forma una actitud favorable o desfavorable hacia el producto y decide adoptarlo o rechazarlo. Los pasos son: descubrimiento, persuasión y adopción.

- La fase de implementación se inicia cuando el usuario compra o comienza a utilizar el producto propuesto, y concluye cuando la innovación se convierte en una rutina. Los pasos son: implementación y adopción.

- Las innovaciones no aparecen o son adoptadas al mismo tiempo por todos los miembros de una organización. Siempre hay grupos que las aceptan primero, y todavía hay algunos rezagados que nunca usarían las nuevas soluciones. Los grupos se pueden catalogar como: pioneros, innovadores tempranos, mayoría temprana, mayoría tardía, y rezagados.

- El número de usuarios que han adoptado una innovación determina el tipo y cantidad de apoyo que es necesario proveer. El proceso de maduración de una innovación sigue cinco etapas: inicio, crecimiento temprano, penetración general, aseguramiento y madurez.

13.9.- Ejercicios de repaso

Preguntas

1. ¿Qué es una innovación?
2. ¿Por qué se puede argumentar que las tecnologías de información son innovaciones?
3. ¿Cuáles son las fases del proceso individual de adopción de una innovación?
4. ¿Qué comportamiento identifica a los pioneros en una innovación?
5. ¿Qué comportamiento caracteriza a la mayoría temprana en una innovación?

6. ¿Por qué son importantes los innovadores tempranos para una innovación?
7. ¿Por qué se requiere diferente tipo de apoyo dependiendo de en qué etapa de madurez se encuentre una innovación dentro de la empresa?
8. ¿En qué fase de la curva de innovación colocaría el uso de teléfonos inteligentes en una empresa?

Ejercicios

1. Identifique un sistema de inteligencia de negocios y explique por qué se puede considerar una innovación
2. Identifique una innovación tecnológica reciente que no haya llegado a la etapa de penetración general
3. Identifique un producto que esté en la etapa de inicio
4. Identifique una tecnología que esté en la etapa de crecimiento temprano
5. Identifique una tecnología madura

Capítulo 14

El Futuro de las Tecnologías de Información y su Impacto en las Empresas

"Antes de que siga acercándome a esa losa que señalas, dijo Scrooge, respóndeme a una pregunta. ¿Son estas las imágenes de cosas que van a suceder o solamente imágenes de cosas que podrían suceder?"

Charles Dickens, "Un Cuento de Navidad", 1843

14.1.- Objetivos de aprendizaje
- Apreciar la velocidad a la que cambia la tecnología
- Entender que una visión del futuro se forja entendiendo cómo llegamos al presente
- Apreciar que la tecnología del futuro ya existe, pero le falta mejorar algo para cambiar al mundo
- Discutir el futuro de las tecnologías para diferentes industrias
- Identificar los riesgos del futuro de las tecnologías de información

14.2.- La velocidad del cambio tecnológico
Los inicios del siglo XX fueron una época muy interesante. Se hicieron populares los automóviles, los teléfonos, la radio y los aeroplanos. El Mundo no podía seguir siendo igual. La producción en masa y la administración científica trajeron avances al proceso de fabricación de bienes y los hicieron más baratos y disponibles para más gente. Claro que no todo fue maravilloso. Para mediados de ese siglo el mundo había pasado por dos guerras mundiales, pero también existían las Naciones Unidas, las películas a color, la televisión en vivo, los satélites y los cables transoceánicos.

Para finales del siglo XX, la computadora era una herramienta de uso común, aparecieron los teléfonos celulares, la música en formato MP3, y el Internet. El mundo en el año 2000 era tan diferente al de 1950 como este lo fue al del año 1900. Las primeras décadas del siglo XXI fueron igual de vertiginosas. Hoy, pensar en 1999 es como hacer un viaje al pasado remoto.

Pronosticar cómo serán las empresas y el efecto de las tecnologías en la sociedad a mediados y finales del siglo XXI parece un trabajo para lectores de tarot o adivinadores con bolas de cristal, sin embargo, basta con ver lo que ha ocurrido en el pasado para identificar ciertas tendencias que se pueden extrapolar con bastante seguridad. Pronosticar el futuro requiere analizar lo que ha cambiado y lo que ha permanecido constante. Es seguro que lo que ha cambiado seguirá haciéndolo y que las constantes se mantendrán.

14.3.- El mundo de hoy visto desde el pasado

En 1958, dos autores, Harold Leavitt y Thomas Whisler, publicaron un artículo en la prestigiosa revista Harvard Business Review que se titulaba "La administración de los 1980´s" [Leavitt & Whisler, 1958]. En un mundo donde las empresas crecían cada vez más complejas, se descentralizaban y contrataban a más gerentes medios, ellos pronosticaron que una nueva tendencia, que llamaron tecnologías de información, permitiría a los altos administradores involucrarse más en la operación de sus empresas, la recentralización de las actividades y una reducción de los mandos medios. Las tecnologías de información prometían permitir que menos gente hiciera más trabajo, y entre menor fuera el costo más empresas estarían dispuestas a probarlas.

En una entrevista, treinta años más tarde, Leavitt indica que no pudieron pronosticar el efecto de la miniaturización en las computadoras de escritorio, haciendo la descentralización del poder de cómputo algo factible. Lo importante es que ellos se concentraron en la computadora como una herramienta que podía influir en el comportamiento y aprendizaje de las personas, no en una máquina para simplemente automatizar procesos.

Lynda Applegate, James Cash y Quinn Mills publicaron en la misma revista, pero en 1988 un artículo analizando los resultados de las predicciones anteriores y mirando hacia el futuro [Applegate, Cash & Mills, 1988]. Al concentrarse más en el efecto de las tecnologías, pronosticaron que muchas de las herramientas tecnológicas que darían forma a las empresas, ya existían. Hablaron de sistemas basados en conocimiento, computadoras más rápidas, mejores líneas de comunicación, el reemplazo del teléfono por computadoras, y la transformación de voz en texto de forma sencilla. Ellos analizaron el efecto de estos pronósticos en la estructura de las organizaciones (haciéndolas más flexibles y concentrándose en proyectos), los procesos administrativos (almacenando el conocimiento de la empresa) y los recursos humanos (tornándose más autónomos).

14.4.- Lo que podemos aprender de las predicciones pasadas

Muchas de las predicciones hechas en los artículos de 1958 y 1988 han resultado correctas. Lo primero que queda claro de los pronósticos anteriores es que el futuro medianamente cercano se puede predecir si se hace con cuidado y responsabilidad. Lo segundo es que las tecnologías que marcarán una pauta en los próximos 15 a 30 años ya existen y se puede ver sus efectos desde ahora. Lo tercero es que las personas no cambiarán mucho. Podemos conceder que la persona del futuro pueda vivir más o ser más saludable (los avances en biotecnología son impresionantes), pero la capacidad de razonamiento, la respuesta ante innovaciones y las reacciones humanas ante cambios políticos y sociales no cambiarán, o lo harán muy lentamente.

14.5.- El mundo de mañana visto desde hoy

El enfoque de la tecnología

No se requiere mucha visión para saber que la tecnología será más barata, más poderosa y más flexible. La información se podrá almacenar en muy grandes cantidades y se podrá localizar usando poderosos motores de búsqueda, por lo que incluso el modelo de almacenamiento no será tan crítico. Y tampoco es difícil ver que Internet, o la tecnología que lo substituya, tendrá un efecto en la civilización quizá tan importante como lo tuvo el automóvil en la forma de las ciudades del siglo XX. Ya estamos viendo el efecto del trabajo en casa que se requirió con la pandemia de COVID19 durante 2020 y 2021. ¿puede Internet cambiar la forma de las empresas?

Enfoque de los productos

Antes de la revolución industrial, los productos se fabricaban a la medida, uno a uno, en un proceso lento y caro. La revolución industrial y la producción en masa trajeron productos hechos en masa. Era un proceso barato, pero el cliente se debía ajustar a lo disponible. La revolución tecnológica nos permite fabricar productos a la medida de cada cliente, pero en forma masiva, en un proceso barato que se conoce como "mass customization". Haciendo los bienes de buena calidad y a la medida del cliente, disponibles a mayor número de personas. Imagínese si los servicios de una empresa pudieran ser personalizados, brindando atención especial a cada cliente.

El enfoque de las soluciones de negocios

A principios del siglo XX, la administración científica nos trajo mejoras en el control sobre el trabajo y apoyo a los niveles operativos de la empresa. Para mediados a finales del siglo XX, la tecnología de información proporcionó mejor control sobre la información, apoyando a la administración media. A finales del siglo XX, la administración del conocimiento traía mejoras sobre las decisiones, apoyando a la alta dirección. Las primeras décadas del siglo XXI han llevado el poder a la gente. Las redes sociales, crowdsourcing, criptomonedas, y mass customization han creado sociedades con opinión propia y un poder de coordinación y autonomía sin precedentes.

Minicaso – "The dress" un fenómeno viral

Seguramente ya conoces la historia. En febrero del 2015. una señora (Cecilia Bleasdale) quería decidir qué vestido comprar para la boda de su hija (Grace Johnston). Envía tres fotos a su hija diciendo que le gustaba más el tercero y le pide su opinión. La hija le dijo que estaba de acuerdo, que ese vestido blanco con dorado se veía bien. La mamá le responde que no había ningún vestido blanco con dorado, que el vestido era azul con negro. Y comenzó la discusión. Enseñaron la foto a varios amigos y se dieron cuenta que al ver la misma foto (al mismo tiempo) algunos lo veían blanco con dorado, mientras que otros lo veían azul con negro.

Una amiga (Caitlin McNeill) decide subir la foto a Tumblr, una red social y de pronto se convirtió en un fenómeno. Todo el planeta estaba hablando de ese vestido y nadie se ponía de acuerdo en cuál era el color. [Wikipedia, 2020]

Si quieres ver la fotografía busca "the dress" o #thedress o #whiteandgold o #blackandblue ¿de qué color ves ese vestido? pregunta a dos personas más.

Las empresas grandes podrán ser más grandes, sin perder el control, mientras que las empresas pequeñas, mediante redes formales e informales, podrán atacar casi cualquier mercado y tamaño de proyecto creando asociaciones con especialistas de otras empresas pequeñas, en diferentes partes del mundo, conforme sea necesario para los proyectos. ¿Se aprecia el potencial para internacionalizar las empresas locales?

Enfoque de la mercadotecnia

Antes de la maduración de la mercadotecnia, la gente se enteraba de los productos en un proceso de comunicación de boca en boca, la publicidad era diseñada a la medida de cada cliente, pero con un alcance muy pequeño. Con la aparición de los medios masivos de comunicación, la publicidad se comenzó a diseñar en masa, con un alto alcance, pero mismo contenido para todos. Los avances en la tecnología de personalización de Internet, servicios de videos y música bajo demanda, y las redes sociales permitirán que la publicidad sea diseñada a la medida de cada usuario, proporcionando alto alcance y un bajo costo. Ya se han notado los efectos de estos cambios en las campañas publicitarias.

Minicaso – Comerciales personalizados en las páginas de Internet

Abre un navegador, entra a un buscador como Google, busca información de algún producto (como una marca de ropa deportiva, un aparato eléctrico, o un perfume) ahora abre Facebook o tu página de correo electrónico. Checa si los banners (comerciales que aparecen arriba o a los lados de tu texto) tienen algo que ver con el producto que acabas de buscar.

El enfoque del gobierno

Al igual que las empresas, el gobierno tendrá productos y servicios a la medida. El gobierno podrá aprovechar las nuevas oportunidades que brinda la tecnología para ofrecer servicios a cualquier hora, en cualquier lugar y en cualquier formato, logrando cumplir su misión de servir mejor a la gente. La democracia electrónica permitirá mayor participación ciudadana. El acceso a la información permitirá una mejor rendición de cuentas y mejor asignación de la responsabilidad a los gobernantes; logrando, con esto, un mejor uso de recursos.

14.6.- Los riesgos de esta visión

Como en cualquier historia, la visión del futuro no viene sin peligros inminentes. El primero es el riesgo de seguridad. Con empresas dependiendo cada vez más de la información y la tecnología, la protección de los datos tomará un papel primordial en las funciones de su personal. Así como ahora se protegen los bienes tangibles, se deberá proteger el conocimiento de la organización y el acceso a sus equipos, sistemas y datos.

El segundo riesgo es la vulnerabilidad a fallas críticas, donde una falla puede destruir una organización (algo como el síndrome del Parque Jurásico, la película de ciencia ficción (la primera de la serie) donde un ataque a una computadora dejó libres a los dinosaurios del parque poniendo en peligro a sus visitantes). Esto llevará a requerir la planeación de sistemas redundantes y planes de contingencia cada vez más elaborados, pudiendo una empresa contar con respaldos completos de sus sistemas y servicios en otras ciudades o incluso otros continentes.

Minicaso - Un ataque cibernético deja sin gasolina a la costa este de Estados Unidos

En mayo de 2021 de pronto las estaciones de servicio en la costa este de los Estados Unidos, desde Virginia hasta Florida y Alabama se quedaban sin combustible. La causa era que Colonial Pipeline, la empresa que manejaba un oleoducto de 5,500 millas, tuvo que cerrar operaciones porque sus sistemas de cómputo recibieron un ataque de Ransomware y no podían operar sus computadoras. La empresa resolvió el problema en poco tiempo, pero el servicio tardaría aún varios días en normalizarse. Incluso el presidente de los Estados Unidos tuvo que hacer un llamado a conservar la calma y no entrar en pánico ante la falta temporal de combustible. [Greenberg, 2021; Caroll, Guerra y Shah, 2021; Petras, et al., 2021]

El tercer tipo de riesgo es el de perder la privacidad. La alta disponibilidad de información hará muy tentadora la idea de crear un "big brother", supervisando cada paso de las personas. Es de esperarse un movimiento social para proteger los derechos de privacidad y confidencialidad que se necesitan para operar una sociedad libre, que a la larga ha demostrado ser mucho más rentable que una sociedad oprimida.

14.7.- Conclusiones

Al buscar cómo las cosas son diferentes, hemos visto que en realidad siguen siendo iguales. La tecnología podrá cambiar, los problemas podrán ser diferentes, pero las personas, sus necesidades y satisfacciones siguen siendo las mismas. La escala de necesidades humana de comida, techo y luego socialización se seguirá aplicando a las personas. La visión es, en general, optimista. Habrá mejores productos, mejor información y mejor calidad de vida. Los riesgos son importantes, pero superables. Pronosticar cómo será el mundo del mañana requiere entender el mundo de hoy y los pasos que hemos seguido para llegar a donde estamos. Es nuestra responsabilidad asegurarnos que el mundo tome la forma que deseamos mediante trabajo y un constante análisis de los cambios que ocurren y sus efectos en la sociedad.

14.8.- Resumen

- Predecir la dirección que la tecnología tomará en el futuro es posible.
- Analizando predicciones de nuestro presente hechas en el pasado se puede concluir que el futuro se puede predecir; que las tecnologías que cambiarán al mundo en los próximos 15 a 30 años ya existen y se puede ver sus efectos desde ahora; y que las personas no cambiarán mucho.
- La visión del futuro es, en general, optimista. Habrá mejores productos, mejor información y mejor calidad de vida.
- Existen riesgos de seguridad, vulnerabilidad a fallas críticas y pérdida de la privacidad en esta visión del futuro, pero son superables.

14.9.- Ejercicios de repaso

1. Identifica una tecnología que exista en los laboratorios científicos, pero que no se esté usando por mucha gente. Averigua por qué no ha llegado al mercado (¿es muy cara? ¿Es difícil de producir? ¿No es confiable?) estima en cuanto tiempo podrían resolverse esos problemas operativos para que la tecnología se convierta en algo de uso común.
2. Encuentra una fotografía del vestido del que habla el minicaso de este capítulo, muestra la fotografía a tres personas, ¿todos vieron el vestido del mismo color?

3. Entrevista a una persona mayor y pregúntale si recuerda ¿cómo era el mundo sin teléfonos celulares? Y ¿cómo se usaba internet en aquella época?
4. Busca algún artículo donde se discuta el futuro de la tecnología en alguna industria en particular.

Referencias

Capítulo 1

[Alanís y García, 2020] Alanís, M., y García, P.R., "Tecnología de Información y la Práctica Contable: Una Visión Aplicada", ISBN: 9798621244439, Amazon, 2020.

[Babbage, 1864] Babbage, C. "Passages from the life of a philosopher" Longman, Roberts, & Green, London, (pp. 67), 1864.

[Davis & Olson, 1985] Davis, G.B., and Olson, M.H., "Management Information Systems: Conceptual Foundations, Structure and Development" second edition, McGraw-Hill, 1985.

[Senn, 1987] Senn, J.A. "Information Systems in Management" 3rd edition, Wadsworth Publishing, 1987.

[Sharda, Delen & Turban, 2015] Sharda, R., Delen, D., & Turban, E., "Business Intelligence, Analytics, and Data Science: A Managerial Perspective", ISBN: 978-0134633282, Pearson, 2017.

Capítulo 2

[Anthony, 1965] Anthony, R. N. "Planning and Control Systems: a Framework for Analysis" Cambridge MA, Harvard University Press, 1965.

[DiCapua, et al., 2020] Di Capua,F., Tan,S., Wilkins,A., Thyagarajan,J., "Magic Quadrant for SAP S/4HANA Application Services, Worldwide" publication number G00407891, Gartner, abril 2020.

[Faith, et al., 2020] Faith,T., Nguyen,D., Torii,D., Schenck,P., Hestermann,C., "Magic Quadrant for Cloud ERP for Product-Centric Enterprises" publication number G00377672, Gartner, junio 2020.

[Gory & Scott-Morton, 1971] Gory G.A., y Scott-Morton,M.S. "A Framework for Management Information Systems", Sloan Management Review, Vol. 13, No. 1, Fall 1971.

[Hansen, et al., 2020] Hansen,I., Poulter,J., Elkin,N., Ferguson,C., "Magic Quadrant for CRM Lead Management" publication number G00463456, Gartner, Agosto 2020.

[Laudon & Laudon, 2019] Laudon, K.C., y Laudon, J.P. "Management Information Systems: Managing the Digital Firm", 16th edition, Pearson Education, 2019.

[Manusama & LeBlanc, 2020] Manusama,B., LeBlanc,N., "Magic Quadrant for the CRM Customer Engagement Center" publication number G00432951, Gartner, junio 2020.

[Salley,et al., 2021] Salley,A., Payne,T., Lund,P.O., "Magic Quadrant for Supply Chain Planning Solutions" document number G00450343, Gartner, febrero 2021.

[Sparks, et al., 2020] Sparks,B., Sullivan,P., van der Heiden,G., Longwood,J., "Magic Quadrant for CRM and Customer Experience Implementation Services", publication number G00386413, Gartner, abril 2020.

[Turing, 1949] Turing, A. "The Mechanical Brain. Answer Found to 300-Year-Old Problem" The Times, London, pp. 4, col. 5, June 11, 1949.

Capítulo 3

[BBC News Mundo, 2019] BBC News Mundo, "Cambridge Analytica: la multa récord que deberá pagar Facebook por la forma en que manejó los datos de 87 millones de usuarios" BBC News Mundo, 24 de julio de 2019, consultado el 16 de abril de 2020 en https://www.bbc.com/mundo/noticias-49093124

[Colosimo, 2015] Colosimo, K. "Bad Data is Scary! Here are 5 Stats to Prove It" Workato, Octubre 31, 2015, consultado en abril 2020 en https://www.workato.com/blog/2015/10/bad-data-is-scary-here-are-5-stats-to-prove-it/#.WIGb7N_ibIU

[Davies & Rushe, 2019] Davies,R. & Rushe,D., "Facebook to pay $5bn fine as regulator settles Cambridge Analytica complaint" The Guardian, julio 2019, consultado junio 2021 en https://www.theguardian.com/technology/2019/jul/24/facebook-to-pay-5bn-fine-as-regulator-files-cambridge-analytica-complaint

[Doyle, 1891] Doyle, Arthur Conan, "A Scandal in Bohemia", London, 1891, reprinted Flowepot Press, United States, 2014.

[González, 2020] González, E. "Customer experience: reto para minoristas", Énfasis Logística, 14 de abril de 2020, consultado el 16 de abril de 2020 en http://www.logisticamx.enfasis.com/notas/85631-customer-experience-reto-minoristas

[IDC, 2019] IDC, "Becoming a Best-Run Midsize Company: How Growing Companies Benefit from Intelligent Capabilities," IDC InfoBrief, sponsored by SAP, 2019.

[Jackson, 2020] Jackson, T. "Dashboards Vs. Scorecards: Deciding Between Operations & Strategy", Clearpoint Strategy, consultado el 15 de abril de 2020 en https://www.clearpointstrategy.com/dashboards-and-scorecards-deciding-between-operations-strategy/

[KR3dhead, 2018] KR3dhead "Full Microsoft R Open Predictive Analysis Software Review – What You Need to Know About Microsoft R Open", Skyose,12 de Agosto de 2018, consultado el 15 de abril de 2020 en https://skyose.com/full-microsoft-r-open-review/

[Kundu, 2016] Kundu, Anirban "Journey of Data: From Tables to Tiles – A sneak peek into the S/4 HANA Embedded Analytics Architecture". SAP Community, 27 de septiembre de 2016, consultado el 15 de abril de 2020 en https://blogs.sap.com/2016/09/27/journey-of-datafrom-tables-to-tiles-a-sneak-peek-into-the-s4-hana-embedded-analytics-architecture/

[Liberty, 2018] Liberty, Dana "Scorecard vs Dashboard – What Each Adds to Business Intelligence", Sisense, June 4, 2018, consultado en abril 2020 en https://www.sisense.com/blog/scorecard-vs-dashboard-adds-business-intelligence/

[Meredith, 2918] Meredith,S., "Facebook-Cambridge Analytica: A timeline of the data hijacking scandal" CNBC, abril 2018, consultado en junio 2021 en https://www.cnbc.com/2018/04/10/facebook-cambridge-analytica-a-timeline-of-the-data-hijacking-scandal.html

[Mora, et al., 2020] Mora Aristega, Julio Ernesto, et al., "El modelo COBIT 5 para auditoría y el control de los sistemas de información", Universidad Técnica de Babahoyo, consultado el 16 de abril de 2020 en https://repositorio.pucesa.edu.ec/bitstream/123456789/2355/1/Modelo%20Cobit.pdf

[Pat Research, 2020] Pat Research, "RapidMiner Studio in 2020", Pat Research, consultado el 15 de abril de 2020 en https://www.predictiveanalyticstoday.com/rapidminer/

[Qualtrics, 2020] Qualtrics "Learn Customer Experience (CX) with Resources & Articles", Qualtrics, consultado el 16 de abril de 2020 en https://www.qualtrics.com/experience-management/customer/

Capítulo 4

[Baca Urbina, 2007] Baca Urbina, G. "Fundamentos de Ingeniería Económica", 4ª edición, ISBN: 9789701061138, McGraw-Hill, 2007.

[Chandler, 1977] Chandler, A. D., "The Visible Hand. The Managerial Revolution in American Business", ISBN 0674940512, Harvard University Press, 1977.

[Franklin, 1748] Franklin, B., "Advice to a Young Tradesman Written by an Old One", Printed in George Fisher, The American Instructor: or Young Man's Best Companion. ... The Ninth Edition Revised and Corrected. Philadelphia: Printed by B. Franklin and D. Hall, at the New-Printing-Office, in Market-Street, 1748. Pp. 375–7. Consultado noviembre 2020 en https://founders.archives.gov/documents/Franklin/01-03-02-0130

[Laudon & Laudon, 2020] Laudon, K.C. & Laudon, J.P. "Management Information Systems: Managing the Digital Firm", 16th edition, ISBN: 978-0135191798, Pearson, 2020.

[Rifkin, 2014] Rifkin, J., "The Zero Marginal Cost Society: The Internet of things, the Collaborative Commons, and the Eclipse of Capitalism", ISBN 978-1-137-27846-3, Palgrave McMillan, 2014.

[Sullivan, Wicks & Luxhoj, 2004] Sullivan, W.G., Wicks, E.M., & Luxhoj, J.T., "Ingeniería Económica de DeGarmo", 12 edición, Pearson Educación, México, 2004.

Capítulo 5

[Baca Urbina, 2015] Baca Urbina, G. "Ingeniería Económica" McGraw-Hill Interamericana, ISBN: 9786071512444, México, D.F., 2015.

[Franklin, 1748] Franklin, B., "Advice to a Young Tradesman Written by an Old One", Printed in George Fisher, "The American Instructor: or Young Man's Best

Companion. The Ninth Edition Revised and Corrected", pp. 375–377, Printed by B. Franklin and D. Hall, at the New-Printing-Office, in Market-Street, Philadelphia, 1748. Consultado en noviembre 2020 en https://founders.archives.gov/documents/Franklin/01-03-02-0130

[Microsoft, 2021-1] Microsoft, "VF (Función)" consultado en junio 2021 en https://support.microsoft.com/es-es/office/vf-funci%C3%B3n-2eef9f44-a084-4c61-bdd8-4fe4bb1b71b3

[Microsoft, 2021-2] Microsoft, "Función VALACT" consultado en junio 2021 en https://support.microsoft.com/es-es/office/funci%C3%B3n-valact-23879d31-0e02-4321-be01-da16e8168cbd

[Microsoft, 2021-3] Microsoft, "Función VPN" consultado en junio 2021 en https://support.microsoft.com/es-es/office/vna-funci%C3%B3n-vna-8672cb67-2576-4d07-b67b-ac28acf2a568

[Microsoft, 2021-4] Microsoft "Función TIR" consultado Junio 2021 en https://support.microsoft.com/es-es/office/tir-funci%C3%B3n-tir-64925eaa-9988-495b-b290-3ad0c163c1bc

[Quevedo, 1603] Francisco de Quevedo y Villegas "Poderoso Caballero Es Don Dinero", 1603. Reimpreso en: Quevedo, F. D. (2015). "Recopilación Obras de Francisco de Quevedo". Miami, Argentina: El Cid Editor. Recuperado en diciembre 2020 de https://0-elibro-net.biblioteca-ils.tec.mx/es/ereader/consorcioitesm/35718?page=256.

[Sullivan, Wicks & Luxhoj, 2004] Sullivan, W.G., Wicks, E.M., & Luxhoj, J.T., "Ingeniería Económica de DeGarmo", 12 edición, Pearson Educación, México, 2004.

Capítulo 6

[Alanís, 2020], Alanís, M., "La transformación Digital del Gobierno: Misma Tecnología, Diferentes Reglas, Mucho Más en Juego", Amazon, ISBN: 9798616079961, Middletown, DE, 2020.

[Cameron, 1963] Cameron, William Bruce, "Informal Sociology, a casual introduction to sociological thinking" Random House, New York. 1963.

[Cemex, 2021] Cemex, "Ley Sarbanes Oxley", consultado junio 2021 en https://www.cemex.com/es/inversionistas/gobierno-corporativo/ley-sarbanes-oxley#navigate

Capítulo 7

[Alanis, Kendall, & Kendall, 2009] Alanis, Macedonio; Kendall, Julie E.; Kendall, Kenneth E., "Reframing as Positive Design: An Exemplar from the Office of Civil Registry in Mexico" AMCIS 2009 Proceedings. Paper 268. San Francisco, CA: Association for Information Systems, 2009.

[Brooks, 1972] Brooks, F.P. "The Mythical Man Month: Essays on Software Engineering", Addison-Wesley Publishing Company, 1972.

[Colorado, 2019] State of Colorado, Division of Homeland Security & Emergency Management, "Continuity of Operations Plan" 2019, consultado en marzo 2020 en: https://www.colorado.gov/pacific/dhsem/continuity-operations-plan

[Ford, 1922] Ford, H. in collaboration with Crowther, S., "My Life and Work" Doubleday, Page & Company, New York, 1922.

[Hammer, 1990] Hammer, Michael "Reengineering Work: Do not Automate, Obliterate" Harvard Business Review, Vol. 68, No. 4, 1990.

[Kendall & Kendall, 2005] Kendall, K.E., y Kendall J.E. "Análisis y Diseño de Sistemas" Sexta Edición, Pearson Education, 2005.

[Laudon & Laudon, 2019] Laudon, K.C., y Laudon, J.P. "Management Information Systems: Managing the Digital Firm", 16th edition, Pearson Education, 2019.

Capítulo 8

[Alanis, 2020] Alanis, M., "Tecnologia de Informacion y la Practica Contable", ISBN: 979861244439, 2020.

[Alanis, Kendall, & Kendall, 2009] Alanis, Macedonio; Kendall, Julie E.; Kendall, Kenneth E., "Reframing as Positive Design: An Exemplar from the Office of Civil Registry in Mexico" AMCIS 2009 Proceedings. Paper 268. San Francisco, CA: Association for Information Systems, 2009.

[Colorado, 2019] State of Colorado, Division of Homeland Security & Emergency Management, "Continuity of Operations Plan" 2019, consultado en marzo 2020 en: https://www.colorado.gov/pacific/dhsem/continuity-operations-plan

[Engwal, 2012] Engwal, M., "PERT, Polaris, and the realities of project execution", International Journal of Management Projects in Business, Vol 5, No. 4, pp 595-616, 2012, consultado en junio 2021 en https://www.researchgate.net/publication/263572044_PERT_Polaris_and_the_realities_of_project_execution

[Gantt.com, 2021] Gantt.com, "Gantt Chart History", Gantt.com consultado en junio 2021 en www.gantt.com

[Kendall & Kendall, 2005] Kendall, K.E., y Kendall J.E. "Análisis y Diseño de Sistemas" Sexta Edición, Pearson Education, 2005.

[Laudon & Laudon, 2019] Laudon, K.C., y Laudon, J.P. "Management Information Systems: Managing the Digital Firm", 16th edition, Pearson Education, 2019.

[Sapolsky, 1972] Sapolsky, H.M., "The Polaris System Development" Harvard University Press, 1972, consultado en junio2021 en http://ekt.bme.hu/CM-BSC-MSC/PERTReadings02.pdf

[Woods et al., 2019] Woods, W. D., Kemppanen, J., Turhanov, A., Waugh, L. "Day 3, part 2: 'Houston, we've had a problem'" Apollo Flight Journal, mayo 2017, consultado julio 2021 en https://history.nasa.gov/afj/ap13fj/08day3-problem.html

Capítulo 9

Diskinson, 2018] Dickinson, D., "'Fake news' challenges audiences to tell fact from fiction", UN News, May 2018 Consulted December 2020 in https://news.un.org/en/audio/2018/05/1008682

[Friedman, 2005] Friedman, T.L., "It's a Flat World, After All," New York Times Magazine, Apr 3, 2005, pp. 32-37, New York, 2005.

[History, 2020] History.com Editors "Arab Spring" published Jan 2018, consulted December 2020 in https://www.history.com/topics/middle-east/arab-spring

[Kahn & Dennis, 2020] Kahn, R., & Dennis M.A. "Internet Computer Network" Encyclopædia Britannica, Published June 2020, consulted December 2020 in https://www.britannica.com/technology/Internet

[Laudon & Traver, 2018] Laudon, K. C., & Traver, C. G. "E-commerce: Business, technology, society" 14th Edition, ISBN: 9781292251707, Pearson, 2018.

[Porter, 2001] Porter M.E, "Strategy and the Internet" Harvard Business Review. Mar 2001, Vol. 79, Issue 3, pp. 62-78.

[Tesla, 1908] Tesla, N. "The Future of the Wireless Art," in Massie, W. W., and Underhill, C. R. "Wireless Telegraphy and Telephony Popularly Explained," D. Van Nostrand, New York, 1908. Consulted December 2020 in http://swissenschaft.ch/tesla/content/T_Library/L_Tesla/T_Writings/THE%20F UTURE%20OF%20THE%20WIRELESS%20ART.pdf

Capítulo 10

[Alanís, 2020] Alanís, M., "La Transformación Digital del Gobierno: Misma Tecnología, Diferentes Reglas y Mucho Más en Juego", ISBN: 9798616079961, 2020.

[Cámara de Diputados del H. Congreso de la Unión, 2014] Cámara de Diputados del H. Congreso de la Unión, "Ley de Adquisiciones, Arrendamientos y Servicios del Sector Público". Nueva ley publicada en el Diario Oficial de la Federación el 4 de enero de 2000, última reforma publicada DOF 10-11-2014.

[Cámara de Diputados del H. Congreso de la Unión, 2019] Cámara de Diputados del H. Congreso de la Unión, "Constitución Política de los Estados Unidos Mexicanos" Última reforma publicada DOF 09-08-2019.

[Government of Canada 2018] Government of Canada, "The procurement process" consultado en mayo 2018 en https://buyandsell.gc.ca/for-businesses/selling-to-the-government-of-canada/the-procurement-process

[Sun Tzu, siglo V ac] Sun Tzu. "El arte de la guerra" originalmente publicado siglo V antes de Cristo. Consultado en diciembre 2019 en https://freeditorial.com/en/books/el-arte-de-la-guerra

Capítulo 11

[Alanís, 2020] Alanís, M., "La Transformación Digital del Gobierno: Misma Tecnología, Diferentes Reglas y Mucho Más en Juego", ISBN: 9798616079961, 2020.

[Dominguez 2009] Donminguez, J. "The Chaos Report 2009 on IT Project Failure", 2009, consultado en diciembre 2020 en https://pmhut.com/the-chaos-report-2009-on-it-project-failure

[Selig, 2008] Selig, Gad J., (2008) "Implementing IT Governance: A Practical Guide to Global Best Practices in IT Management", ISBN 978 90 8753119 5, Van Haren Publishing, 2008.

[Smith, 1776] Smith A. "The Wealth of Nations" libro 1, capítulo 1, título original: "An Inquiry into the Nature and Causes of the Wealth of Nations" Londres, 1776.

Capítulo 12

[Bishop, 2006] Bishop, C.M. "Pattern Recognition and Machine Learning", Springer, 2006.

[Borbow, 1964] Borbow, D., "Natural Language Input for a Computer Problem Solving System", Ph.D. Dissertation, MIT, 1964.

[Cieslak, Mason & Vetter, 2019] Cieslak,D.; Mason,L.; Vetter,A. "What's 'critical' for CPAs to learn in an AI-powered world" Journal of Accountancy. Vol. 227 Issue 6, p1-6, June 2019.

[English, 2019] English, D.B.M., "The Rise of the (Accounting) Machines? Blockchain and AI: The Changing Face of the Profession" California CPA, Vol. 87 Issue 9, p12-14, May 2019.

[Gartner, 2021] Gartner, "About Us", Gartner Inc., consultado Junio 2021 en https://www.gartner.com/en/about

[Keenoy, 1958] Keenoy, C.L. "The impact of automation on the field of accounting", The Accounting Review 33 (2): 230–236, 1958.

[Kokina & Davenport, 2017] Kokina, J. & Davenport, T.H., "The Emergence of Artificial Intelligence: How Automation is Changing Auditing", Journal of Emerging Technologies in Accounting, Vol. 14 Issue 1, p115-122, 2017.

[Kronz, Hare & Krensky, 2020] Kronz,A., Hare,J., Krensky,P., " Hype Cycle for Analytics and Business Intelligence, 2020", document number G00444807, Gartner, Inc., Agosto 2020.

[Mitchel, 1996] Mitchell, M. "An Introduction to Genetic Algorithms" MIT Press. Cambridge, MA, 1996.

[Nakamoto, 2008], Nakamoto, S. "Bitcoin: A peer-to-peer electronic cash system" bitcoin.org, consutado en marzo 2020 en www.bitcoin.org/bitcoin.pdf

[Schank, 1972] Schank, R.C. "Conceptual Dependancy: A Theory of Natural Language Understanding", Cognitive Psychology, 3, 552-631, 1972.

[ScienceSoft, 2021] ScienceSoft, "Data Analytics Services", ScienceSoft, consultado Junio 2021 en https://www.scnsoft.com/services/analytics

[Simon, 1981], Simon, H.A., "The Sciences of the Artificial" Second Edition, MIT Press, Cambridge, MA, 1981.

[Vega y Bretón, 1894] Ricardo Vega (libreto) y Tomás Bretón (música) "La Verbena de la Paloma" Sainete lírico en un acto, y en prosa, Estrenada en el Teatro Apolo de Madrid, 17 de febrero de 1894.

[Yahoo, 2021] Yahoo Finanzas, "criptomonedas", consultado junio 2021 en https://es-us.finanzas.yahoo.com/criptomonedas

Capítulo 13

[Alanis, 1991] Alanis, M., "Controlling the Introduction of Strategic Information Technologies" en "Management Impacts of Information Technology: Perspectives on Organizational Change and Growth" E. Szewczak, C. Snodgrass, y M. Khosrowpour, editores, Idea Group Publishing, Harrisburg, PA, 1991.

[Alanís, 2010] Alanís, M., "Manejo de la Introducción de la Innovación Tecnológica en la Educación", en "Tecnología Educativa y Redes de Aprendizaje de Colaboración: Retos y Realidades de Innovación en el Ambiente Educativo", Burgos Aguilar, J.V. & Lozano Rodríguez, A., Editores, México, Editorial Limusa, marzo de 2010.

[Brancheau, 1987] Brancheau, J.C., "The Diffusion of Information Technology: Testing and Extending Innovation Diffusion Theory in the Context of End-User Computing", Doctoral Dissertation, University of Minnesota, Minneapolis, MN, 1987.

[Gallagher, 2018] Gallagher, W., "Newton launched August 2, 1993 setting the stage for what would become the iPad and iPhone", Apple insider, Agosto 2018. Consultado mayo 2021 en https://appleinsider.com/articles/18/08/02/newton-launched-august-2-1993-setting-the-stage-for-what-would-become-the-ipad-and-iphone

[Gilbert, 2019] Gilbert, B., "25 of the biggest failed products from the world's biggest companies", Insider, octubre 2019. Consultado mayo 2021 en https://www.businessinsider.com/biggest-product-flops-in-history-2016-12?r=MX&IR=T

[Hein, 2018] Hein, B., "Massive lines form at Apple stores for iPhone XS launch", Cult of Mac, septiembre 2018. Consultado mayo 2021 en https://www.cultofmac.com/577959/massive-lines-forming-at-apple-stores-in-anticipation-of-iphone-xs-launch/

[Maquiavelo, 1532] Maquiavelo, N. "El Príncipe" (Capítulo VI), 1532 véase junio de 2020 en https://www.planetebook.com/free-ebooks/the-prince.pdf

[Rogers, 2003] Rogers, E. M. "Difusión de innovaciones" (5a ed.). Nueva York: Free Press, 2003.

[Wuerthele, 2017] Wuerthele, M., "Giant lines forming at Apple stores internationally in advance of iPhone X sales" Apple insider, Nov 02, 2017. Consultado mayo 2021 en https://appleinsider.com/articles/17/11/02/giant-lines-forming-at-apple-stores-internationally-in-advance-of-iphone-x-sales

Capítulo 14

[Applegate, Cash, & Mills, 1988] Applegate, L. M., J. I. Cash, and Q. D. Mills. "Information Technology and Tomorrow's Manager." Harvard Business Review, Vol. 66, No. 6, 1988.

[Caroll, Guerra y Shah, 2021] Carroll,J., Guerra Luz.,A., Shah,J.R., "Gas Stations Run Dry as Pipeline Races to Recover From Hacking" Bloomberg, 5-8-2021, consultado en mayo 2021 en https://www.bloomberg.com/news/articles/2021-05-09/u-s-fuel-sellers-scramble-for-alternatives-to-hacked-pipeline

[Dickens, 1843] Dickens, C., "A Christmas Carol" Chapman & Hall, London, 1843. Consultado diciembre 2020 en https://www.ibiblio.org/ebooks/Dickens/Carol/Dickens_Carol.pdf

[Greenberg, 2021] Greenberg, A., "The Colonial Pipeline Hack Is a New Extreme for Ransomware", Wired, 5-8-2021, consultado Mayo 2021 en https://www.wired.com/story/colonial-pipeline-ransomware-attack/

[Leavitt & Whisler, 1958] Leavitt, H. y T. Whisler, "Management in the 1980's", Harvard Business Review, Vol. 36 No. 6, 1958.

[Petras, et al., 2021] Petras,G., Loehrke,J., Beard,S.J., Padilla,R., "US gas prices rise as Colonial Pipeline reopens after ransomware attack", USA Today, mayo 10, 2021, consultado mayo 2021 en https://www.usatoday.com/in-depth/graphics/2021/05/10/colonial-pipeline-closed-hackers-ransomware-gasoline-jet-fuel-cybercrime/5019625001/

[Wikipedia, 2020] Wikipedia, "The Dress" Wikipedia, 2020, consultado en abril 2020 en https://en.wikipedia.org/wiki/The_dress

Datos del Autor

Dr. Macedonio Alanís

alanis@tec.mx   maalanis@hotmail.com

El Dr. Macedonio Alanís es profesor titular de Sistemas de Información en el Departamento de Computación del Tecnológico de Monterrey. Imparte clases en formato presencial y a distancia en temas de Administración de Tecnologías, Transformación Digital, Comercio Electrónico y Gobierno Electrónico. Algunas de sus clases son transmitidas en vivo a 1000 alumnos en 9 países. Ha trabajado como profesor e investigador en universidades en México, Estados Unidos, Centro y Sudamérica. También ha participado como profesor en programas conjuntos del Tecnológico de Monterrey con Carnegie Mellon University y con Stanford University.

Se ha desempeñado como Gerente de Administración de Neoris, del grupo Cemex. Trabajó en la creación y administración de Global Software Factory, empresa que desarrolló sistemas de información en Europa, Sudamérica, Estados Unidos y México. Trabajó también para IBM, el Grupo Gentor, y el Centro Cultural ALFA.

En el sector público, el Dr. Alanís ha sido director de informática del Gobierno del Estado de Nuevo León, México. Fue presidente del Comité de Informática para la Administración Pública Estatal y Municipal. Trabajó en la definición de las Políticas Informáticas Mexicanas. Ha apoyado a la oficina de la Presidencia de Honduras en programas de informática educativa y a la Cámara Panameña de Tecnologías de Información y Comunicaciones en la reorientación de los programas académicos universitarios de tecnología en el país.

Cuenta con más de 120 publicaciones, capítulos de libros y conferencias internacionales. Fue distinguido con el prestigioso Eisenhower Fellowship, recibió el Premio a la Labor Docente e Investigación del Tecnológico de Monterrey y fue elegido para ocupar la America's Chair en el Consejo Directivo Mundial de la Association for Information Systems.

El Dr. Macedonio Alanís es Doctor en Administración de la Universidad de Minnesota. Obtuvo una maestría en Ciencias Computacionales de Brown University, y es Ingeniero en Sistemas Computacionales del Tecnológico de Monterrey.